大石繁宏
Oishi Shigehiro

幸せを科学する

心 理 学 か ら わ か っ た こ と

新曜社

定職に就くまでの30年間、気長に待っていてくれた父・善磨と母・カエに捧げる

はじめに

誰かに「あなたは幸せですか？　自分の人生に満足していますか？」と聞かれたら、あなたはどう答えるだろうか。もし答えが「ノー」であれば、次の質問はどうだろう。「あなたは幸せになりたいですか？満足できる人生を送りたいですか？」ほとんどの人の答えは「もちろんイエス」なのではないだろうか。幸せになりたいという欲求は、今や現代人にとって、お金持ちになりたいとか綺麗になりたいということと同等、あるいはそれ以上と言えるかもしれない。

幸せは人間にとって永遠の課題であり、紀元前4世紀のアリストテレス以来、さまざまな哲学者や宗教家、小説家によって探求されてきた。事実、今日書店で目にする幸せに関する本のほとんどは、哲学者、宗教家、あるいは小説家やエッセイストによるものである。なぜ、心理学者によって書かれた、実証研究に基づく幸せについての本が少ないのだろうか？

心理学は、人の心を実証的に研究する学問であり、心理学者は人間にとって重要なさまざまな問題を追い続けてきた。たとえば、言葉はどのようにして獲得されるのかといった言語発達の問題であったり、なぜあることは何年も覚えていられるのに、週末に何をしたかはすぐに忘れてしまうのかといった記憶の問題であったり、毎日のぼる駅の階段がなぜ疲れている時にはけわしく見えるのかという視覚の問題である。

心理学が大学の学問として認められて100年以上たつのだから、何が幸せか、誰が幸せか、どうすれば幸せになれるのかという人間の永遠のテーマについてのさまざまな実証的データが長年蓄積していても不思議ではない。

ところが、心理学では幸せという問題は、つい30年ほど前まで、研究に値するような現象とは見做されていなかった。たとえば、1948年にハーバード大学のヘンリー・マレーとクライド・クラックホーンは、有名な『自然と社会と文化のなかの人格』という本の冒頭で次のようなことを言っている。「さまざまな目標のなかでも、幸せが唯一理性的な目標であるというアリストテレスの断言は論破されたためしがないが、にもかかわらず、これまでに幸せについての心理学を開拓しようとした科学者はいない。」というのも、マレーとクラックホーンによれば、幸福は規定不可能な概念だからだそうだ。つまり、幸せをどう定義し、どう測定したらよいのかは、さまざまな潜在欲求を測定することに成功した天才心理学者ヘンリー・マレーにとってすら不可能だと考えられていたのだ。1920年代から1940年代にかけてのアメリカ心理学は、行動主義の影響が強く、客観的行動に現れる変数しか研究対象としないという極端な科学思想が強かった。当時は、主観的な概念の代表とも言える幸福感は、心理学者が扱うべき概念ではないと考えられていたようである。

時は移り、アメリカ心理学界でも1960年代に入って行動主義の勢力が弱まり、人間の世界の受け取り方を研究しようとする認知革命を経て、1980年代から感情や幸福感や愛といった主観的な概念が、徐々に研究対象として認められるようになってきた。これもひとつには、それまでの心理学があまりにも科学の一分野として認められることに精一杯で、実験主義を貫き通し、実験の精緻にこだわりすぎたことへの反動と反省があったからだろう。その頃から、研究対象の現象としての面白さや日常生活との関連性も徐々に重要視されるようになり、過去30年で幸せに関する実証研究が一挙に拡大した。また、心理学者は文化という問題に正面から取り組んでこなかったが、過去20年にこの傾向も一転し、今や文化は社会心理学で最も人気の高いトピックのひとつとなった。

この本では、それらの成果を心理学者や心理学専攻の学生だけではなく、一般の読者にもわかりやすいようにまとめたつもりである。もちろん、最初から最後まで全部読んでいただくに越したことはないが、この本は読者の関心がある章だけを読んでいただいても理解できるように書いてあるので、関心のトピックがお金と幸せとの関係や恋愛と幸せとの関係などに限られている方は、第7章以降だけを読んでいただいても構わない。ただし、幸せに関する心理学的な専門的知識を身につけたい、またその背景にある概念的問題や方法論的な問題も理解したいと望む方には、最初の6章も是非読んでいただきたい。また、これは欲張り過ぎかもしれないが、クラシックな著名論文から最近の動向を示すような論文まで幅広い文献を引用し、大学院のセミナーの教科書としても使っていただけるように書いたつもりである。いずれにせよ、日本での幸せ研究の発展に少しでも貢献できればと願っている。

謝辞

この本は、大学時代の恩師・藤永保先生のお勧めがあったからこそ書けた一冊である。私が1年間の留学から戻った1992年に先生はお茶の水女子大学を退官されて、国際基督教大学（ＩＣＵ）に移られたばかりだった。1992年の秋学期に先生のセミナーを取らせていただいたのだが、それが私の人生を変えるきっかけとなった。教科書として使われた『現代の発達心理学』（有斐閣）は先生の東京女子大・お茶の水女子大時代のお弟子さんたちにより、先生へ捧げるかたちで書かれたもので、お弟子さんたちの先生への敬意が込められていた。このセミナーには、たった4人の学生しかいなかったので、授業は先生のオフィスで行われたし、面倒見のいい先生は学生全員を吉祥寺へディナーに連れて行ってくださったりもした。本当に夢のようなセミナーだった。そして何よりも、この授業を受けて自分も藤永先生のようになりたいと思った。大学で教え、自分の学生たちがまた次の世代の心理学者を育てていく。何と意義ある人生だろうと。

その先生のお勧めがあったのだから、直ぐに執筆にとりかかるべきだったのだが、これがなかなかそういかなかった。イリノイ大学での指導教授が幸福感研究の第一人者であるエド・ディーナーであったこともあり、1995年以来過去14年にわたり幸福感についての研究に携わってきたが、すべての論文は英語で書き、アメリカかヨーロッパの学会誌にしか発表してこなかった。というのも、やはり日本語で書いてもインパクトが少ないし、アメリカの大学では評価されないと思ったからだ。また、卒業論文くらいしか学術論文は日本語で書いていないのだから、日本語でちゃんと書けるのかという不安もあった。何しろ、日本にいた頃から書くのはあまり得意ではなかったし、過去15年間ろくに日本語を使っていなかったのだから、私の日本語力というのは今や中学生並みだと思う。そういうわけで書き始めるのに随分と時間がかかったわけだが、2005年11月にヴァージニア大学で准教授への昇進が決まり、2006年の8月から

1年間研究休暇をいただいたので、同年9月にソウルで執筆を始めた。最初の1、2章は順調に書き進んだが、ソウルではなぜか仕事が進まなかった。2007年の1月末にソウルを発ち、アルゼンチンのブエノスアイレスに移った頃には、まだ最初の3章くらいしか書き上げていなかった。ブエノスアイレスでは、他の論文の書き直しなどにも時間を取られ、4月になるまで本格的にこの本に取り組めなかった。しかし、この頃から毎朝9時から11時半くらいまでアパート近辺のカフェでこの本の執筆に励んだ。5月の半ばにカナダのモントリオールに移った頃までには、最初の10章くらいは書き終えていたと思う。7月の終わりにヴァージニア大学に戻り、ほぼできたと思っていたが、やはり大学に戻ると雑用や授業で仕事が山のようにあり、ここから最初の原稿を仕上げるまでにさらに1年以上かかった。

最初の原稿は、おそらく意味不明な文章がかなりあったはずだが、大学時代の友人・清水徹君と関西学院大学の中里直樹君のおふたりは、その原稿を丁寧に読んでくださり、その上読みやすいように直していただいた。また、新曜社の塩浦暲社長には、この修正版をさらに読みやすいようにかなり細かく手を加えていただいた。この御三方には、この場を借りて感謝の意を表したい。また、ここで紹介された研究の多くは、イリノイ大学のエド・ディーナー教授とディーナーゼミの先輩にあたる現・延世大学教授のソ・ウングック氏、トロント大学教授のウーリッヒ・シマック氏、ミシガン州立大学教授のリチャード・ルーカス氏との共同研究であり、彼らとの出会いがなければとうてい達成できなかった。また、日本でのデータ収集にあたり、明星大学の岡林秀樹教授、東北大学の倉元直樹教授、京都ノートルダム女子大学の尾崎仁美准教授、国際基督教大学の西村馨上級准教授、大井直子特任講師、心理学研究室の大嶋なぎささん、小谷英文教授ゼミの院生の方々に大変お世話になった。さらに明星大学、東北大学、大阪大学、国際基督教大学の学生諸君には、被験者として参加していただいた。これらの方々にこの場を借りて感謝したい。また、1年間の研究休暇をくださったヴァージニア大学とその間学生の指導や仕事のバックアップをしてくださった同僚のティム・ウィルソン、ジェリー・クロアー、ジョン・ハイト、ブライアン・ノーゼック、ステイシー・シンクレアーとボビー・スペルマン教授にも感謝したい。最後に、研究休暇中もこの本の執筆とその他の論文の執筆を陰で支えてくれた妻のリー・ジェスック、ソウルとモントリオール滞在中に子供の面倒を見てくださった義理の父・李銀燮と義理の母・文末子、そして気晴らしに遊び相手になってくれたふたりの息子たち、海と仁にも感謝したい。

大石　繁宏

2009年1月6日

目次

装幀＝難波園子

第1章　幸せと理想の人生

「人生の課題は、良い人間になることである。つまり、最も崇高なものを手に入れることである。そして、その最も崇高たるものが、幸せなのである。」（アリストテレス）

「生涯絶え間ない幸せ？　誰一人としてそんなことに耐えられる者はいないであろう。そんなものは、地獄でしかないのだから。」（ジョージ・バーナード・ショー）

イギリス人演劇作家バーナード・ショーのように幸福感など必要でないし、過剰な幸せなど地獄でしかないという考え方をする人（変わり者？）ももちろんいるが、ほとんどの人は、もし選択できるなら不幸より幸せな人生を選ぶだろう。実際、コンビニや書店で雑誌の見出しを読むと、幸福感はお金、健康、美容、セックスと並んで人気のトピックであり、現代日本人の多くが望み、求めていることであるように思われる。また雑誌のほかにも、セルフヘルプといわれるジャンルの本が日本でも毎年大量に出版されるようになったが、その多くが、どうすれば幸せになれるかという類のものである。

この本は、第12章でどうすれば幸せになれるかについて述べてはいるが、あくまで実証的な心理学研究の成果をもとに書いている。だから、この本を読めば幸せになれるといった類のものではない。しかしながら、幸せになるのに大切なことは何かについての理解が、少しは深まると思う。そしてまた、なぜ幸せになるのが難しいのかが、よく理解できると思う。

断っておくと、実証心理学は、他の実証科学（たとえば物理学）と同じように、あらかじめ調べたいテーマについての仮説を立て、その妥当性をさまざまな実験や調査のデータに基づいて検証していく学問である。複数のデータによって何度も支持されている仮説もあれば、まだ一度しか支持されていないという仮説もある。したがって、新たな研究がなされ、新たなデータが出てきて、まったく異なる結果が導かれることもありうる。だから、この本に紹介されている結果は、実証的に示されたものであるからといって、常に真実であるわけではない。あくまで、現在までの研究で出された結果をもとにまとめたものであることも忘れないで欲しい。

特に「幸福についての科学」は比較的新しい学問であるから、知識が急激に蓄積されつつあり、新たな実験や調査によって旧来の見解が覆されることも少なくない。しかし、実証的なデータに基づいて知識を蓄積し、変化させていくことが、科学的進歩には欠かせない過程なのである。

この本で示されるとおり、幸福についての実証心理学的研究が、着々と科学的進歩を続けていることは確かである。そして、幸福は今や社会心理学、人格心理学の最先端のトピックであると言っても過言でなく、ここで紹介する研究の多くは、学界の一流誌に載せられた論文ばかりである。弱点はもちろんあるが、質の高い研究であることは確かである。

幸福とは?

この本の第一の目的は、幸福についての実証心理学的見解を紹介することにあるので、まずこの言葉の意味の解説から始めたい。

幸福や心の健康を指して、英語ではハッピネスと並んでウェルビーイング（Well-Being）という言葉が使われることが多い。では、ウェルビーイングとはどういう状態を言うのであろうか。著名な社会心理学者、北山忍とヘイゼル・マーカス[1]が論ずるとおり、ウェルビーイングの意味を理解するには、どういう状態がウェルである（Being Well）のかを理解しなければならない。それは何をもって「良い状態」、「良い存在」、ひいては、「何が理想の人間なのか」、そして「良く生きるとはどういうことか」という哲学的な問題にまで遡って考えるということでもある。読者の皆さんにも、どういう状態を理想と感じるか、またどんな人が理想の人間か、またどんな人が「良く生きている」と感じるかを考えて欲しい。どういうイメージが頭に浮かぶだろうか?

同様の質問をアメリカの大学生に聞いてみると、だいたい「明るい人」だとか「社交的な人」だとか「独立心の強い人」という答えが返ってくる。つまり、彼らは明るく、社交的で、独立心の強い人が理想の人間だと考えている。日本でも、このような性格特性は好まれているが、「明るい」「社交的」を最も理想的な人物像の必要条件と見なす人は少ないだろう。むしろ、「やさしい」「尊敬されている」「愛されている」のように、周りの人々にやさしく、周りの人から受け入れられ、認められている姿が理想の人間像であり、良く生きていると考える人が多いのではないだろうか。

ウェルビーイングの定義に戻ると、その中核にあるのは、何が理想の人物像であるかとともに、何が理想の生き方、人生かという問題になる。それでは、何が理想の人生なのだろうか？　読者の方々にも自問自答していただきたいのだが、その答えはおそらく、十人に聞けば十の答えが返ってくるのではないだろうか。経済的、物質的に恵まれた状態を挙げる人もいれば、職業的成功、あるいは理想の結婚相手の存在を挙げる人もいれば、身体的健康を挙げる人もいるだろう。しかしながら、細かい条件こそ異なれ、誰しも理想の人生を歩んでいる人は自分の人生に満足している人であると考えるという点では、共通の認識があると予想できる。

トロント大学の哲学者ウェイン・サムナー教授もこの点に着目し、ウェルビーイングを理解するうえで、人生の満足度が誰にも共通の尺度を与えてくれる数少ない概念のひとつであると論じている。つまり、人生の満足度はウェルビーイングの指標としてほぼ普遍的に有効であるという意見であり、私自身も、人生の満足度はウェルビーイングの指標の最も有効なもののひとつだと考える。

幸福観の文化差

アメリカでは、ウェルビーイングを人生の満足度と共に、「幸せ」「喜び」「ワクワク、ドキドキ」という肯定的感情の頻度、または、「悲しみ」や「怒り」などの否定的感情の欠如で測定することが多いが、これもアメリカ人の多くが、自分の人生に満足していて、幸福感を頻繁に感じ、あまり寂しさを感じていない人が理想の人生を送っている人だと無意識に理解しているからであろう[2]。幸福の追求を憲法に掲げ、日常生活でも幸福感を異常なまでに気にするお国柄であるから（日本でも戦後幸福の追求が憲法に入りはしたが、幸せかどうか、日常の会話で毎日聞いたりはしないだろう）、これももっともだが、アメリカ流のウェルビーイングの概念がそのまま日本や他の国の人々に当てはまるかは、吟味を要する。

たとえば、ドイツの生涯発達心理学者、ポール・バルテスは、否定的感情をたくさん経験してきた人が、人生の終わりには英知を備えるようになる傾向があり、アメリカ的な肯定的感情ばかりを追っている人間は、老年期に英知を備えることが難しいことを示唆する研究を発表している[3]。つまり、理想の人生を送っている人とは、悲しみや苦しみを味わい、それを乗り切ってきた人という概念が強いようである。ソクラテスも「吟味無しの人生は、生きるに値しない」と言っているように、ウェルビーイングということばに肯定的な感情をもつのは、歴史的には最近の、特にアメリカでの傾向であって、同じ西洋とはいえヨーロッパですら、アメリカ的ウェルビーイングが受け入れられているとは必ずしも言えない。

たとえば、フランスの小説家ギュスタブ・フローベルは、「馬鹿さ、身勝手さ、健康が幸せの三大条件である。ただし、馬鹿さがなければ、他の条件は無意味であるが」と言い、幸福感の浅はかさをあざ笑っている。彼をはじめとするフランスのインテリにとって、幸福の追求ばかりを考えている人間は、馬鹿で浅はかな人間なのであり、幸福感とは慎重な議論に値するようなトピックではないのである。理想の人間とは、自分自身の人生と社会を批判的に吟味しぬき、何らかの崇高な洞察を得た人間であるという考え方であろう。

フランスやドイツの一部でアメリカ的幸福感が批判されているのに対して、最近の比較文化研究によると、ラテンアメリカ諸国では、肯定的感情を持つことを理想的な人生と見なす人がアメリカよりもさらに多いという結果が報告されている[4]。つまり、フランスやドイツではアメリカ的な肯定的感情を理想の人生と見なす考え方は完全に受け入れられているとは言えないが、ラテンアメリカでは、アメリカ的な幸福感の定義が広範に受け入れられているようである。

肯定的感情や否定的感情の頻度、つまり1日、あるいは1週間など一定期間に何回くらい肯定的感情や否定的感情を覚えるかが、どれくらい人生の満足度と関連しているかについての実証的研究も、多く報告されている。たとえば、ソら[5]は41ヵ国で質問紙調査を行い、アメリカや北欧で肯定的感情の頻度が人生の満足度と高い相関を示したのに対し、東アジア、東南アジア、アフリカ諸国では、それほど高い相関は見られなかったという結果を報告している。つまり、アジアやアフリカ諸国では肯定的感情を頻繁に経験せずに自分の人生に満足している人がいるが、アメリカでは肯定的感情なしで人生に満足を感じる人は少なかったことを示している。これも、アメリカでは、肯定的感情をよく抱く人は否定的感情をあまり持たないが、東アジア諸国では、肯定的感情を抱く人も否定的感情を持たないとは限らないことと関連しているように思われる[6]。あるいはまた、東アジアでは否定的感情（たとえば、心配、罪悪感）がそれほど回避すべき感情ではなく、肯定的感情も常に望ましいとは思われていないからかもしれない[7]。これらの研究は、感情の機能が、さまざまな社会で違った解釈を得ていることを示している。

また、理想的人生における肯定的感情の位置に加えて、いわゆる肯定的感情でも、その構成内容には文化差があるという研究報告が多く出されている。たとえば、アメリカ、カナダなどでは、「誇り」は「幸せ」や「興奮（ドキドキ?）」などと同じく肯定的感情に入り、「幸せ」は「誇り」や「興奮」と一緒に経験される傾向が強い。ところが日本や中国では、「誇り」は必ずしも他の肯定的感情と一緒に経験されない[8]。否定的感情群でも、「罪悪感」は、アメリカでは非常に嫌われている感情であるが、日本や中国では、望ましくはないが、必ずしも嫌われるべき感情とは見なされていない[9]。これも、罪悪感が自分の罪や失敗を自覚させる感情であり、失敗体験からこそ自己の成長が生まれるという潜在概念が日本や中国にはある証拠と言えるかもしれない[10]。

幸福とは何か（つまり、幸福感の構成概念は何か）という問題に加えて、幸福感の考え方の文化差も、近年心理学者により研究されている。たとえば、私の大学院時代の先輩である延世大学のソ・ウングック教授も、韓国人の間で、一人の人間が一生で経験できる幸福感には限りがあり、今たくさん幸福を感じている人は一生のうちで経験できる幸福感を使い果たしているという考え方があることを実証した[11]。この考え方も、韓国人や日本人の多くが、何か幸せな体験をした時にそれを満喫しようとしない所以かもしれない。また、ソ教授によると、グループ内でも、全員が経験できる幸福感には限度があり、一人の者が幸せであれば、誰か不幸せなものがいるという考え方もあるそうだ。私も高校時代、クラスに一人常時（やたらと）幸せそうな女の子がいて、この子の楽しそうな笑い声を聞くたびに、自分の幸せまで吸い取られそうだと感じたのに似ている。このような、「運を使い果たす」、「運を取られる」という感じ方にも、東洋的な運の概念と幸福観とが深く繋がっていることが表れている。

また、カリフォルニア大学リバーサイド校のソニヤ・リュボマースキー教授〔12〕もロシア人の幸福観について、「幸せは、無垢で、はかないもの」という考え方があることを実証している。ドストエフスキーの『カラマーゾフの兄弟』でも、子供とよく遊んでいた一番下のアリョーシャだけが幸せそうに描かれたのと共通点がある。リュボマースキー教授によると、トルストイの『戦争と平和』でも、幸せ（ロシア語で schast'ye）は子供を描写する時にだけ使われたそうだ。このような、幸せは子供だけが感じる感情であるという考え方や、幸せは一時的な現象であるという考え方は、多くのアメリカ人が持つ、幸せが自分の力で達成可能なものという考え方とはかなり違う。ここでも、たとえ人生の満足度が、あらゆる文化における幸福感の指標となるとしても、幸福感へのアプローチには実にさまざまな文化差があることが示唆される。

面白いことに、なぜロシア人がアメリカ式幸福観を持たないかについて、リュボマースキー教授は、社会の報酬システムの違いにあるのではないかという議論をしている。アメリカでは、家族の出生にかかわらず、個人の能力と実力があれば成功できるような能力主義、実力主義（メリットクラシー）が存在し、自分の力で成功を手に入れ、ひいては幸せを手に入れることが可能であるし、推奨されている。もちろん、アメリカ社会でもコネは（ジョージ・W・ブッシュ大統領のように）、あればあるに越したことはないが、母子家庭に育ったビル・クリントンやバラク・オバマの成功を見ればわかるとおり、能力とモチベーションと自分の力で人間関係を広げられる技量があれば、彼らのように成功することは十分可能である。ところが、現在のロシアのように社会の透明な報酬システムが存在しない社会では、自分の力で成功を手に入れることができる、幸福をつかむことができるという考え方は育たないのだそうだ。ここでも、社会システムとそこから生まれる思想や信念と幸福感とが、密接に絡み合っていることが垣間見られる。

このように、ウェルビーイングを理解するには、文化的、歴史的要因を吟味していく必要があるのは自明だが、その文化とは、いったい何なのだろうか。ご承知のとおり、文化の定義にはさまざまなものがあるが、アメリカの社会心理学者の間では、「さまざまな現象の理解と解釈の枠組みを与えるシンボルや言語体系」、「ある時代的、地理的、言語的共通点を持ったグループが育んできた暗黙の価値観、信念や規律」という定義が最も頻繁に使われているようである[13]。実際の実証的研究では、国家や民族を文化グループと見なすケースがほとんどである。もちろん、一国家や一民族のなかでも、個人差、地域差、階級差、サブカルチャーがあり、また時代思潮による歴史的変遷があるのは言うまでもない[14]。そこから、比較文化研究は、大雑把なステレオタイプしか生み出さない無意味な研究領域だと疑問を投げかける心理学者も多数いるが、比較文化研究の利点は、他のグループと比較することで、当然であるかのように思われてきた現象が当然ではないことを指摘したり、根本的な概念の違いを明らかにすることにより現象自体への理解が深まることであろう[15]。

この本でも、文化心理学と比較文化的視点に立ち、幸福感について考察する。まず第2章と第3章では、西洋哲学と東洋哲学の伝統的な幸福感へのアプローチを紹介する。第4章では、文化心理学の見地から見た幸福感の研究をまとめ、歴史的、文化的考察から多様な幸福観が存在することを紹介する。第5章では、幸福感をどう測定するのかという「幸福についての科学」の根本問題に取り組む。また第6章では、幸福感を自己評価する過程についての実験社会心理学の先行研究をまとめ、人がどのような思考過程を経て幸福感の評価を下すのかについて考察する。第7章から第11章までは、経済、運、結婚、友人、そして性格と幸福感との関係を、詳しく紹介する。第12章では、幸せとは、なりたいと思ってなれるものなのかについて検証してみる。第13章では、幸せが何かの役に立つのかという問題に取り組み、第14章では、最適なレベルの幸福感について考察する。最後に第15章では、幸福な社会とは何かという社会レベルの問題を、個人レベルでの幸せと対照しながら模索する。

第2章　幸せとは何か？
――西洋哲学の考え方

アリストテレスの理論

幸せは、紀元前5～4世紀のギリシャ哲学最盛期以来の、人類の永遠のテーマである。アリストテレスは、人生の最終目的は幸せ以外にありえないと断言し、これをエウデモニア[1]と呼んだ[2]。他の目標はすべて、究極的にはエウデモニア＝幸せを達成することへの手段でしかないからである。たとえば、多くの人が正月になると、今年こそもっとお金を稼ぐぞ、とか、貯めるぞと決心する。しかし、なぜお金をもっと稼いだり、貯めたいと思うのだろうか？　それ自体が最終的目標という人はまずいないだろう。貯めるだけや稼ぐだけが最終目的だったら、その人はそれを使ったり誰かにあげたりしないで、金に囲まれて最期を迎えたいと思うはずである。普通の人は、何か他の目的を果たすために、お金をもっと稼ぎたいとか貯めたいと思う。たとえば、家や車を買いたいとか、旅行したいとか、もてたいとか、事業を起こしたいとかの理由があるだろう。あるいは、同僚や家族から尊敬されたいとか、恵まれない人たちを援助したいなどの理由もあるかもしれない。

アリストテレスに言わせれば、こういう目標もまた、幸せな人生を送るための手段に過ぎない。アリストテレスの理論の難しいところは、どんな目標であれ、それを達成しさえすれば幸せになれるというものではないという点である。もし幸せの定義がハッピーな気分であれば、おそらく目標を達成できた瞬間には幸せを感じ、幸せだということになる。だがそれは、一時的なことに過ぎない。

アリストテレスの言うエウデモニアは、一時的な快楽や幸せな気分を意味するのではなく、人間に特有な理性の機能を善く働かせ、自分の能力をフルに活かした人生を送っているという意味である[3]。では、アリストテレスは、自分の能力や長所を知り、努力しさえすれば幸せな人生が送れると言っているのであろうか。しかしそれは誤解であり、アリストテレスの幸福論に忠実ではない。

アリストテレス理論の面白いところは、自分の能力をフルに活かし切るには、さまざまな点で運やつきに恵まれなければならないと言っているところだ[4]。これは自分の能力をフルに発揮するためには、さまざまな必要事項があるからだという。まず、健康や安定した経済的生活基盤なしには、自分の得意な活動に没頭などできないであろう。たとえば、誰かが溺れているのを見て、その人を助けてあげられないような人は、真に人間らしい人生を送っているとは言えないとアリストテレスは言う。つまり、助けてあげたいという意思ではなく、実際に助けられるかどうかという行動力が重要であるという主張である。同じ理由から、子供もエウデモニアな人生を送っているとは言えないという。容姿という面でも、顔に傷のある人は、常にそのことで劣等感を持たされるので、幸せな人生は送れないという。また、幸せな気分が幸福の定義であれば、犬や猫も幸福になれるが、アリストテレスのエウデモニアの定義からすると、人間以外の動物は幸せな生涯を送っているとは言えないという。他の動物は、真に人間らしい生き方（たとえば、知的な活動に没頭すること）ができないからである。アリストテレスがエリート主義と後に批判される所以であるが、大事なのは、いくつもの優位な生活環境が整ってはじめて真に人間らしい生き方ができるという、アリストテレスの主張である。

これまでの例では、経済的、肉体的資源に焦点を当ててきたが、アリストテレスは対人的資源の重要性も強調している。友人やパートナーなどの対人的資源を指してギリシャ語ではフィリア（愛）という言葉がよく使われる（ちなみにアメリカ、ペンシルバニア州フィラデルフィアが、アメリカでシティ・オブ・ブラザリー・ラブと呼ばれる所以である）。アリストテレス研究の第一人者で、シカゴ大学の哲学者マーサ・ナスバーム[5]は、１９８６年に有名な著書『脆弱なる美徳』を出版したが、そのなかで、アリストテレスの『ニコマコス倫理学』ではエウデモニアとフィリアとが同義語として用いられていることから、アリストテレスの幸福観も、対人的資源なしには語れないと述べている。「人間は、社会的（政治的）動物である」というあまりにも有名なアリストテレスの言葉からもわかるとおり、彼は人間の社会性に真の人間らしさを見いだした。だから、友達や人生の伴侶と言える人物なしでは、本当に人間らしい、幸せな人生は送れないと述べている。たしかに、自分の能力をフルに発揮して生きるのが幸せという定義からは友人や伴侶の重要性は明らかではないが、『ニコマコス倫理学』の後半では、友人や伴侶の重要性に繰り返し言及し（実際Ⅷ巻とⅣ巻は、友人のタイプと友情の基盤についてである）、自分の能力がフルに発揮されていることを理解してくれる存在の必要性を説いている。また、友人やパートナーと共に好きな活動を行うことが一番の幸せだとも述べている。逆に、友人やパートナーを失った人は、幸せな人生を送っているとは言えないというアリストテレスの主張もここから見て取れる。

この最後の主張が、他のギリシャ哲学者とアリストテレスの幸福観の大きな違いである。たとえばプラトンは、その人が不幸な出来事に巻き込まれたかどうかという外面的要素は、その人の人格から隔離し、評価の対象から外すべきだと述べている。つまり、その人が幸せな人生を歩んだかどうかは、その人の人格を中心に評価をすべきだとプラトンは主張している。換言すれば、アリストテレスが、どんな人格者でも妻や息子に早死にされた人物が幸せな人生を送っているとは言えないと断言しているのに対し、プラトンの幸福観では、不幸なことが家族に起こったとしても、その人が道徳的人生を送ったのであれば、その人が真に人間らしい、幸せな人生を送ったと評価すべきだと主張している。この点では、プラトンがすでに、個人主義的幸福観の先駆けとなる見解を提示していることがよくわかる。

このプラトンの見解は後にカントによって哲学界の主流となり、20世紀欧米でのアリストテレス離れに繋がった。先述したナスバーム教授の貢献は、アメリカ哲学界にアリストテレスをよみがえらせた点にもある。ナスバーム教授は、幸せとは、ただ単に自分の力で掴み取るものではなく、運任せの部分もあり、かつ壊れやすい、脆いものであるということを理解しなければならないと主張している。私自身、この点はアリストテレスの幸福観を理解するうえでも、また幸福という概念を理解するうえでも、非常に重要な点であると思う。

第三代アメリカ合衆国大統領トーマス・ジェファーソンは「幸福の追求」というスローガンを掲げたが、幸福という言葉と「追求」という能動的な言葉の組み合わせは、アメリカ人から、幸せが「福」によってもたらされるという受動的要素を含んでいる面を忘れさせた第一の原因ではないかという気がする。英語のHappinessの語源はHapから来ており、Hapless（ついていない）という英語からもわかるとおり、もともとHappinessは運によるという認識が英語でも強かった。それが、ジェファーソンの有名な「幸福の追求」という新しい概念の浸透により、アメリカでは幸福が能動的なものに変わってしまい、努力さえすれば果たせないことなど何もないという楽観的思想を育んだのではないだろうか。ここからも、幸福観が歴史的、文化的風潮によって変化していくことが見て取れる。

その他のギリシャ哲学

アリストテレスとプラトン以外にも、さまざまな哲学者が幸福感について深い考察を行っている。アリストテレスとプラトンの倫理的視点とは対照的に、紀元前5〜3世紀の哲学者アリスティッポスやエピキュロスに始まる快楽論者たちは、快楽の重要性を説いた。アリストテレスが「快楽」と「エウデモニア」とを区別したのに対し、アリスティッポスは、快楽が最大の善であると唱え、肉体的快楽は精神的快楽より望ましいと論じた。エピキュロスは、肉体的快楽ではなく穏やかな快楽（たとえば家族との憩いなど）が最も望ましい種類の快楽であると論じた。また、18〜19世紀のジェレミ・ベンサムとジョン・スチュアート・ミルは、個人の幸福感が最も高い社会が最も望ましい社会だと論じ、望ましい社会を規定するうえで個人の幸福感の重要性を説いた。つまり、個人の幸福感を最大化する社会こそが理想の社会だと説いた。

そこでも、プレジャー（快楽）が多く、ペイン（苦痛）が少ないことが幸せの前提であり、快楽なしには幸せはありえないという考え方が前面に出されている。

現在でも、プリンストン大学のカーネマン教授は、快楽論がウェルビーイングの基本だという理論を提唱し[6]、アリストテレスのエウデモニアでも、自分の可能性をフルに発揮している状態では快楽を感じることが多いであろうし、人生の意義を感じるような行為（たとえば、人助け）は喜びを呼び起こすと考えられ、快楽や喜びという以上の概念は、幸福感を理解するうえで必要ではないと述べている。またカーネマン教授は、人生を振り返って肯定的に認識できることが重要なのではなく、快楽や喜びの瞬間が多かった人間が、幸福な人生を送ったと言えるのだと主張している。

もちろん、このような快楽論の批判者は少なくない。たとえば、ハーバード大学の哲学者ロバート・ノージック教授も、「経験マシーン」という架空の例を通して、この点について有名な考察を行っている[7]。このマシーンを使った人は、脳の快楽部に何らかの電波が送られ、何もしないでも快楽感、幸福感が感じられる。学生に、このように何もしなくても快楽を感じるような人生を送りたいかと問うと、それに「イエス」と答える学生はごく少数派であるらしい。

つまり、人間は単に快楽や幸福を感じていればそれでいいのではなく、何か自分で積極的に経験しないことには存在意義を生み出しえない生き物なのであり、自ら何かを達成したうえでの快楽や幸福感でない限り、意味はないという。また、ウィスコンシン大学のキャロル・リフ教授[8]、ロチェスター大学のエド・デシ教授とリチャード・ライアン教授ら[9]も、快楽主義の反社会性（たとえば、ドラッグ擁護）を批判し、アリストテレスに基づく幸福観を提唱している。

ノージックらにこのような批判を受けたものの、快楽主義は現在でもウェルビーイング研究を行っている経済学者や実証心理学者の一部に絶大な支持を受けている。経済学と実証心理学では正確な測定がその研究の基本であり、「快楽」や「苦痛」のほうが、「人生の意義」や「自立心」などより、概念的規定が単純で測定しやすいことが理由のひとつである。

第3章　幸せとは何か？
——東洋哲学の考え方

孔子

西洋の哲学者が一人の人間としての生き方を重視しているのに対し、東洋哲学者の多くは、社会の一員としての生き方を唱えている。特に孔子に代表される古代中国の哲学者は、人が集団のなかでどう生きるべきかを説いた。アリストテレスやプラトンと違い、古代の東洋哲学者で幸せについて正面から論じている者は、少なくとも私の知る限り少ない。しかしながら幸せな人生というのが、満足のいく人生、理想の人生だとすれば、孔子の儒教からも幸せについてのヒントが得られるように思われる。というのも、孔子と弟子たちの言行を収めた『論語』には、理想の生き方への言及が各所に見られるからである。言うまでもなく『論語』は『大学』『中庸』『孟子』と並び、儒教の四書の筆頭として、中国、韓国、日本など東洋社会の倫理観の根底をなしてきた。

『論語』を古い封建社会の倫理と見る人もいるが、理詰めの道徳哲学書というよりは、日常生活での処世術を語るハウツー本とも読める。実際、金谷治[1]によれば、「老人には安心され、友達には信ぜられ、若ものにはしたわれる」という日常生活での平安が孔子の望みであったと言い、『論語』は、その望みをさまざまな状況でいかに実践するかを具体的に示した本とも言える。孔子にとっての幸せとは、安心され、信じられ、慕われてはじめて得られる、穏やかな心境だと言える。それでは、どうすればそのような心の平安が得られるのだろうか。

この問題に答えるためには、まず、「君子」の概念から始めるのがわかりやすいように思える。「君子」とは、一言で言えば儒教における理想的人物像であり、その反対が「小人」である。君子とは、徳の習得に励む人、あるいは徳のでき上がった人であるというのが一般的理解である[2]。たとえば、『論語』の第一文「子の曰く、学びて時にこれを習う、亦た説ばしからずや。朋あり、遠方より来たる、亦た楽しからずや。人知らずしてうらみず、亦た君子ならずや。」(訳 先生がいわれた、「学んで適当な時期におさらいをする、いかにも心嬉しいことだね。誰か友達が遠いところからもたずねてくる、いかにもたのしいことだね。人がわかってくれなくとも気にかけない、いかにも君子だね。」)[3]は、どのような人物が「君子」であるのかをよく示している。

また、儒教の徳目には、仁、孝、悌、礼などがあるから、これらをすべて兼ね備えた人が理想の人物とも言える。つまり、他人への思いやりがあり、父母や年長者に仕え、伝統的文化的儀礼に明るく、伝統の儀礼に従った生活を送る人物と言えるだろう。それに加え、常に仁、孝、礼を習得しようとする謙虚な姿勢を持ち続けている人が君子と言えよう。「曾子の曰く吾れ日に三たび吾が身を省る。人の為に謀りて忠ならざるか、朋友と交わりて信ならざるか、習わざるを伝うるか」(曾子がいった。「わたしは毎日何度もわが身について反省する。人のために考えてあげて真心からできなかったのではないか。友達と交際して誠実でなかったのではないか。よくならいもしないことを人に教えたのではないかと。」)[4]という一文は、「君子」の謙虚な姿勢をよく物語っており、日本の「反省」文化の根源となった。

儒教の考え方をアリストテレスの思想と比較検討してみると、さまざまな違いに気づく。まず、個人の能力を探し出すことがギリシャ人にとっての第一課題であり、基本的方向性は、自己の内面へ向いていた。アリストテレスの哲学では、自己発見からすべての知識が始まると言っても過言ではない。対して儒教では、年長者の行動を観察し、模倣することから学習が始まり、さまざまな徳を身に着けていくことが理想の人生への第一歩と考えられ、その外的注意の方向性がギリシャ哲学とは非常に対照的である。また、アリストテレス的幸福観では、幸福な人生の達成方法は千差万別である。というのも、言うまでもなく個人の秀でた領域には個人差があり、幸福への道も必然的に個人差が認められるからである(アリストテレスの著書『ニコマコス倫理学』中の有名な靴屋の例にも見られるとおりである)。アリストテレス流には、竹は竹に、松は松に、各自の天賦を十分に発揮することが善であり、理想の人生である[5]。

一方、儒教では、万人が努めれば達成できるというひとつの理想の人生像が描かれており、能力による個人差はあっても、学び成長するという態度があれば、それは達成可能だと考えられる。そこでは、自分の天賦の能力を発見し伸ばすというより、仁、徳、礼を身につけようとする態度が最も重要なのである。儒教で最高の徳目だと言われる仁徳も、「肉親の間での自然な愛情から発した、一種の調和的な情感をもとにした」[6]徳であるから、誰でも努力さえすれば習得できる類の徳であると理解できる。また、すべての徳は、対人関係の調和に繋がるものであり、ここにも、人との調和のなかからはじめて平安が生まれるという考え方が見て取れる。

『論語』では、個人の生活態度だけではなく、どのように国を治めたらよいかという理想の政治についての言及も多い。たとえば、「子の曰く、これを道びくに政を以てし、これを斉うるに刑を以てすれば、民免れて恥ずること無し。これを道びくに徳を以てし、これを斉うるに礼を以てすれば、恥ありて且つ格し」（先生がいわれた「法令禁令などの小手先の政治で導き、刑罰で統制していくなら、人民は法網をすりぬけて恥ずかしいとも思わないが、道徳で導き、礼で統制していくなら、道徳的な羞恥心を持ってそのうえに正しくなる。」[7]。このような例からも、儒教の焦点である、仁、孝、礼、といった徳が対人関係をスムーズにするだけでなく、理想的な社会に繋がると考えられていたことが理解できる。つまり、孔子の哲学は個人レベルでの理想と社会レベルでの理想とが完全に調和した哲学であり、個人の理想が社会の理想と切り離されており、個人の理想の追求が社会の理想と衝突しがちな西洋哲学とは対照的である。

仏教

儒教と並び仏教も、日本と東アジア文化に強い影響を与えてきた。仏教でも宗派によっていろいろな考え方があるが、派閥を超えた共通点として、諸行無常、つまりすべては常に流動、変化するものであり、滅びるものを滅びないと信じ、執着することから苦しみが生まれるという考え方がある。また、流動の主体としての我から執着心が生まれるところから、無我の境地を求める心理が生まれると考えられる。無常と無我の精神からはじめて、静寂あるいは平安が得られるのである。仏教で理想の人物像と言えば仏様であるが、多くの仏像からも想像できるとおり、あの平穏な表情が理想の心境を顕わにしている。つまり、苦渋に満ちた日常生活に惑わされず、世間の欲から解脱し、平常心、穏和な心を持ち続け、覚りの境地に至った人が理想の人物であり、そのような人生が仏教では理想の人生なのである。この考え方もまた、アリストテレス流の自分の秀でた活動に没頭するという情熱的人生とはかけ離れた世界観と言えよう。

ヴァージニア大学の私の同僚であるジョナサン・ハイト教授は仏教の考え方に共感しつつも、最終的にはこの考え方では幸せにはなれないと言う[8]。それも、ハイト教授には何かに情熱を注げなければ、人生は生きるに値しないというアリストテレス的前提があるからである。たしかに、仏教的考え方はストレスの軽減には向いているかもしれないが、ストレスの軽減だけでは幸せとは言えないという指摘には、仏教徒である私自身も同意せざるを得ない。

第４章　文化と幸せ
――文化心理学からの視点

ここまで、幸せという観点から代表的な西洋哲学と東洋哲学を考察してきたが、心理学者の私にとって一番興味深いのは、これらの哲学における歴史的文化の差が、どれくらい現代の若者の幸福観に実証的に見て取れるかという点である。現代の日本の若者をニュースなどを通して観察すると、儒教的、仏教的影響はきわめて薄いように見える。たとえば、昨今日本では家庭内暴力が大問題化している。『論語』に「子の曰く、父母に事うるには幾くに諫め、志の従わざるを見ては、又敬して違わず、労して怨みず」（先生が言われた「父母に仕えて穏やかに諫め、その心が従いそうにないとわかれば、さらに慎み深くして逆らわず、骨を折るけれども恨みには思わないことだ」［1］）とあり、親に絶対的忠誠心を持つことが論ぜられている。親に対する暴力は、孔子の唱える孝と忠の対極にあり、孔子からすれば、論外、最悪の「小人」的行為であろう。教師に対する態度も尊敬の意は薄れつつあり、年長者から謙虚に学ぶといった儒教的姿勢は、日本、韓国、香港でも大きく崩れつつあるように思われる。仏教でも、往年の哲学者西田幾多郎のように、日々座禅を実践しながら精神修養する若者は数少ないであろう。

しかしながら、面白いのは、そのような現代の東アジアの若者の幸福観にも仏教的な考え方が垣間見られることである。たとえば、アメリカと台湾の大学生に「幸せ」についての自由連想をしてもらうと、愛や友情など普遍な概念が両国の大学生から挙げられたが、「ドキドキ」した気持ち（エキサイトメント）や非常に強い感情（インテンス・フィーリング）はアメリカ人からしか連想されなかった。逆に、「穏和な気持ち」や「バランスのとれた感じ」は、台湾人からしか連想されなかった[2]。また、アメリカと香港の大学生に理想の感情を聞いたところ、アメリカ人は「ドキドキ」のように、強度の高い感情を挙げる人が多かったのに対し、香港人では、穏和な気持ちやリラックスした状態を挙げる人が多かった[3]。つまり、現代の台湾人や香港人のように一見西洋化した現代の大学生ですら、仏教的な感情を望ましいと感じている者が多いのである。

文化と人間の本質

上記の例は、文化と人間の本質を考えるうえで非常に興味深い視点を与えてくれる。つまり、なぜ親に対する絶対的忠誠は、現代アジア文化から消えつつあるのに対し、昔ながらの仏教観が理想の感情として残っているのだろうか？

この点で親への絶対的忠誠心は人間の本性に反するもので、実行するのが難しいことが多かったのではないだろうか。たとえば、人間の本性として、親に対する愛情や感謝の気持ちは自然に起こりうるが、絶対の忠誠心は自然に起こる感情ではなく、そのため意識的な社会的価値付けを強めない限り、実行するのは非常に難しいのかもしれない。それに比べると、穏和を求める気持ちは人間の本性からかけ離れたものではなく、文化的意識化も比較的容易で、いったんデフォルトになれば、定着しやすいのかもしれない。儒教の教えである仁や徳、礼の重要性も、人間の本性である社会性にかかわる態度であり、親に対する絶対的忠誠心に比べれば学習しやすい行為であろう。つまり、人間の本性から離れていればいるほど、文化的意識付けにより人間の行動を変えることは難しいように思われる。また、文化的な変化も、このような領域では最も急激に起こりやすいのではないかと考えられる。

著名な人類学者ロバート・ボイド教授とピーター・リチャーソン教授[4]が唱えるとおり、文化的継承は学習を通してなされるが、人間（特に子供）がすごいところは、他の誰かの行動を見て自分でその行動を学習することができる点である。直接自分で試行錯誤をしながらしか学習できないのであれば、知識や技術の蓄積はできない。たとえばチンパンジーはナッツの殻を取る技術を学ぶ時、親がしているのを見るだけでなく、自分で試行錯誤しなければなかなか身につけられない。人間の子供の場合はいちいち試行錯誤しなくとも、どういう戦術が適当かは親や他の誰かの行動を見ていればすぐに身につけられる。個人の試行錯誤の時間が節約できることから、莫大な量の文化的知識、知恵も次の世代へと継承できるのである。このように多くの面で人間の子供は模倣のプロであるが、だがすべての行為が同様に模倣できるのかと言うとそうでもない。学習心理学者が発見したとおり、蛇を恐れることは一度で学習できても、銃を恐れることは一度では学習できない[5]。人間という種として進化的に継承してきた本性が学習の容易さを制約しているように思える。この点で、親への絶対忠誠は簡単に学習できない事柄であるのに対し、平穏な心的状態を求める気持ちは比較的簡単に学習できる事柄なのではないだろうか。

また、なぜ現代の日本や韓国、台湾の西洋化した大学生が仏教的理想の感情観を示すのかを理解するには、藤永保教授[6]が提唱する文化と地層とのアナロジーが有効ではないだろうか。地層が異なる時代に異なる地理的環境的影響を受けながら徐々に形成されたのと同様に、人の心理も異なる時代に異なる文化的影響を受けながら徐々に形成されたと考えられる。つまり、現代の日本の若者の場合、一番地表に近いところではアメリカを始めとする西洋の影響を強く受けており、その影響力は彼らのファッション、音楽や映画の嗜好を見れば一目瞭然である。しかし、ひと皮むいてみると、その下には小中学校時代に強調された、集団責任であるとか、礼儀であるとか、さまざまな初等教育の影響も見られるであろうし、そのまた下には幼少期の「他人に迷惑をかけない」などの意識も潜在している人が多いだろう。また、大晦日の除夜の鐘で新年を荘厳な気持ちで迎える姿をテレビで毎年見ていれば、無意識に仏教的人生観に安堵を感じるようになるのかもしれない。

これは、純粋に慣れの効果とも見て取れるが、文化は北山忍教授[7]も唱えるとおり、おそらく無意識に学習される部分が多いのではないだろうか。外に見える部分（表層）は、地面の表層が大雨や台風によって変化するがごとく、環境、経済的状況の変化や特発的な事件によって急激に変わる可能性が多く、安定性は低いことが予想される。逆に下層に潜んでいる部分は、行動にこそ表れないが、突発的な出来事によって急転するような類のものではない。文化を理解するには、表層に現れる部分とその下に潜んだものを理解する必要があるのである。文化の影響とは、はっきりと言葉で言えるような類のもの（たとえば、旧ロシアにおける共産主義のプロパガンダ）もあるが、多くは知らず知らずに学習されるものが多いようである。そして、最も重要なのは、藤永教授が唱えるとおり[8]、文化の人に及ぼす影響は行動やジェスチャーのように簡単に観察できる類のものから、観察が難しい深層心理まで広範にわたっている。それをどのように実証していくかが、文化心理学の大きな課題である。

理想の人間像

本題に戻り、現代の台湾人の大学生における仏教的感情観の例からもわかるとおり、理想の感情、人物、人生にはグローバライズされた今日でも東西での相違が見て取れる。1990年代からアメリカの心理学界では文化心理学が注目を浴びたが、その先駆者であるヘイゼル・マーカスと北山忍も、幸せの定義の文化差について興味深い分析を行っている。まずウェルビーイングを理解するには、何がビーイング・ウェルなのかを理解せずには根本的に不可能であるという点は先にも述べたが、マーカスと北山[9]によると、ビーイング・ウェルとは、多くのアメリカ人にとっては自分の力で生きていけるような資質を持っていることが核心にあるという。それは、独立心があり、何か特別の能力があり、かつ見知らぬ人と友人関係を容易に作れるような社交性を持っていることである。そして、何より自分が存在価値のあるポジティブな人間であるという自己認識が重要である。

ビーイング・ウェルであることは、多くの日本人にとっても価値あることであるが、それは必ずしも自分をポジティブに認識するというより、自分には弱点もあるが、全般的にはポジティブな存在であるという捉え方であるように思われる。また、普通の存在であることがそれほどネガティブに認識されていないことが、日本人の特徴とも言えよう。実際、京都大学の学生の自由記述では、84パーセントが自分が「普通」だと自己記述している。これは、スタンフォードの学生の96パーセントが「特別」だという自己記述をしているのとは対照的である。私自身、子供の頃何か難しいことにチャレンジしようという際、親に、「邦明君もよっちゃんもみんなできるんだから何でできないの?」と言われたのを覚えている。つまり、自分が人並みであるという意識が日本人には励みになり、そこから自分にもできるかもしれないという意識が出てくるのだ。アメリカでの大学院時代、友人ローラに「シゲ、あなたは特別だから、できるよ」と励まされたのとまったく対照的である。この時、初めて誰かから「特別」だと言われたような気さえする。つまり、アメリカだと普通の人にはできないけど、君は特別だからできるよというふうに人をおだてるわけだ。日本で育った人で親や友人から「お前は特別だからできる」と励まされた人はごく少数派であろう。私自身、そう言われても、何か変な気がしたのを今でもよく覚えている。逆に、アメリカ人のヘイゼル・マーカス教授は、京都の寺を訪れた際、「順路」(“Ordinary Path”と英語で書かれていたらしい)のサインを見て直感的に違和感を覚え、「順路」から外れたかったと書いているのが興味深い[10]。やはり、アメリカ人の多くは、「普通」扱いされるのが嫌で嫌でしかたがないようだ。

それでは、アメリカ人の「特別」意識はどこから生まれてきたのだろうか? これは、アメリカにおける「チョイス」の重要性とも関連しているように思われる。まず第一に、アメリカ人は選択肢が多数あることを好む。ピザのトッピングは何十種類のなかから選べるし、レストランでメインディッシュを注文すれば、サイドを何にするか、サラダのドレッシングを何にするかと、次から次へと質問攻めにされることがしばしばある。だいたいのことに何でも構わないという態度の私のような日本人は、こういう状況で「わからない」「何でもいい」と思わず言ってしまうが、アメリカ人からすると、これは自分の嗜好もよく知らない未熟者であることの証である。アメリカのレストランでのチョイスの豊富さと比べ、日本のすし屋での「おまかせ」メニューや、定食屋での二、三のランチセット・メニューは、こだわりのない人間には大変望ましい設定であり、アメリカとは対照的である（もちろん、日本での電気製品のチョイスの多さには圧倒されるが）。

アメリカにおける社会化の過程では、自分が何を好むのか自分で知り、決断できることが一人前になることの一大条件であり、チョイスすることで自分のユニークさ、特別意識を確認しているようなところがある。たとえば、カリフォルニア大学サンタバーバラ校のヒィージュン・キム教授とスタンフォード大学のヘイゼル・マーカス教授の研究[11]では、質問紙研究への回答者に参加のお礼としてペンを与えたが、そこで実験的に5つのペンから1つを選ばせることにした。5つのうち、1つだけ違う色のペンを入れておいた場合、欧州系アメリカ人では実に77パーセントの者が、色の違う、ユニークなペンを選んだ。アジア人の回答者では、ユニークな色のペンを選んだ者は31パーセントしかいなかった。ここでも、欧州系アメリカ人が他人と違うことを好むことが実証されたわけだ。

アメリカ人の多くは、同一のシリアルでも、自分でチョイスしたものと与えられたものでは、自分でチョイスしたものをおいしいと思うし、ある有名な実験では、自分で選択した課題のほうに、他の誰かが選択した課題より、精力的に取り組んだ。つまりチョイスは、アメリカ人に心理的な躍動感を与えるようである[12]。

また車でも、自分が購入した車を友人も購入していたことを知ると悔しがるアメリカ人が多いのも、友人の購入で自分のユニークさ、「特別」さを汚される気がするかららしい[13]。日本人の私の場合、友人も同じ車を買えば、趣味が似てるんだ、良かったと思うのだが、これは私が車にこだわりがないからかもしれない。しかし、アメリカでもアジア系アメリカ人の場合は、母親が選択した課題のほうが自分で選択した課題より精力的に取り組むという結果が出ているから[14]、アジア系アメリカ人の場合、特別意識や、自分自身のチョイスは、家庭内での社会化の過程でそれほど重要視されていないのかもしれない。また、アメリカの大学生では、自分の設定した目標を達成した人の満足度が次第に上昇するのに対し、日本人を対象とした研究では、家族や友人を喜ばせるために設定した目標を達成した人の満足度が上昇するという結果が出ている[15]。ここでも、アメリカ人のウェルビーイングにおいて自己選択が中核的存在であることが浮き彫りにされたのに対し、日本では自己選択より、周りの人間を喜ばせることが自分の幸福感に重要であることが浮き彫りにされた。

文化を考えるうえで面白いのは、アメリカ国内でも、この自己選択の重要性は中上流階級で最も顕著であるが、下級層ではそれほど見られないことであろう[16]。たとえば、労働者階級のアメリカ人を対象とした車の実験では、私のリアクションと似た結果が出ている。このことから、アメリカでも労働者階級という厳しい環境に置かれている人々には選択肢が経済的に限られているから、選択肢の少ない社会（たとえば日本）に育った人間と似た心理的傾向が生まれるのであろう。自分の職業的選択も比較的限定されたアメリカ労働者階級では、与えられた課題を無難にこなしていく適応型人間が重宝されるため、自分が特別な存在だという認識は不必要であり、多くのことにこだわらない態度がサバイバルに有利なのかもしれない。

チョイスと関連した「自由」という概念も、アメリカの中上流階級では、自分の「権利」だと思われているのに対し、労働者階級では「贅沢」だと思われているのは興味深い[17]。つまり、アメリカ文化全般としては、幸福の追求や自由を権利だと宣言するが、どれほどそのような概念が浸透しているかには、個人の置かれている環境によって、アメリカ内でもさまざまな相違が見られることは、留意しておく必要がある。以下、ほとんどの比較文化研究が大学生を研究対象としているので、基本的には中上流階級の文化の比較であり、便宜上「日米」という大雑把な表現を用いるが、文化内の多様性も常時念頭において読んでいただきたい。

協調性と幸福感

いずれにせよ、少なくとも中上流階級のアメリカ人では、伝統的に自分が特別な存在だという認識から自分の存在意義が生まれるのに対し、日本では周囲の人間と多くの面で似た嗜好を持ち、周囲の人間とうまくやっていけることから自分の存在感を認め、またそこから幸福感が生まれるように思われる。すなわち、マーカスと北山が唱えるとおり、アメリカでは独立的自己観がビーイング・ウェル（良く生きている姿）だが、日本では協調的自己観がビーイング・ウェルであり、幸福観もアメリカでは独立という部分が強調されるのに対し、日本の場合は対人的な部分が強調されるようである。イリノイ大学教授で、私の大学院時代の指導教授でもあったエド・ディーナーと彼の娘でユタ大学教授のマリサ・ディーナー[18]の36ヵ国からなる国際比較研究でも、アメリカや西欧の個人主義の傾向が強い国では、人生の満足度と自尊心との相関関係が強かったのに対し、インドやアフリカ諸国では相関関係が弱かった。これも、自分一人の力で生きていくことが必要条件の環境では、自尊心（自分で何でもできるのだという認識と能力）が大事であるし、自尊心が集団の調和を壊す要因になると考えられる国では、自尊心はそれほど重要ではないということであろう。

余談になるが、エド・ディーナー教授がインドで中年女性にどれくらい自分の人生に満足しているかという質問をしたところ、夫に聞いてくれという答えを得、驚いたという話を聞いたことがある。これも自分の存在意義は、夫や家族が一番良くわかっているというこのインド人の女性の自己認識の現れであり、協調的自己観が幸福観に繋がっているところが良く見て取れる。同じ質問をして「夫に聞いてくれ」という反応は、アメリカではありえない話であるから、ディーナー教授が驚いたのもマーカスと北山[19]の視点からよく理解できる。

また、京都大学の内田由紀子教授による研究[20]では、社会的支援と人生の満足度との相関が調べられたが、日米両国で社会的支援と人生の満足度との相関は類似していた。しかし面白いのは、アメリカではこの関係が自尊心によって説明できたのに対し、日本では自尊心では説明できなかったという点である。つまり、社会的支援はアメリカでは自尊心を高めるという点で人生の満足度に影響を及ぼすが、自尊心を高める以外に直接人生の満足度には影響を与えない。日本人の場合は社会的支援は、自尊心を高めるから人生の満足度に影響を与えるのではなく、誰か自分を理解し支えてくれる人がいる、また自分の存在意義を生み出してくれる人が存在するという点で、人生の満足度を高めているようであった。

さらに面白いのは、北海道大学の結城雅樹教授[21]が行った研究で、日本人の間でも、人間関係が常に流動的だと考え、しかも自分で新しい人間関係を切り開いていこうという意識の強い人では、社会的支援は自尊心を高めるという面で満足度に貢献するが、直接の貢献度はないという、アメリカ人に似た結果が報告されている。この点からも、社会のシステムが、幸福感の規定条件を決める要因になっていることが考えられる。結城の結果からすると、先の内田たちの研究で見られた文化差は、人間関係の流動性の日米の差（日本では人間関係は比較的安定しているのに対し、アメリカでは流動的）に起因していることが示唆される。また、この視点に立つと、マーカスと北山が考察している自己観における文化差も、人間関係の流動性がひとつの要因かもしれない。

文化と対人関係

アメリカ人の独立的傾向はたしかに強いが、それでは対人関係がまったく重視されないのかと言うとそうではない。上述のとおり、自分の力で人間関係を切り開いていくことが大事であり、協調性や社交性はその能力、技量としての貴重な「資源」でもある。アメリカは移民国家であり、1年間に人口の約20パーセントの人が住居を変わるという変動の激しい社会であるから、人間関係にも変動が多い[22]。学校でも転校していく学生が多いし、また転入してくる学生も多い。だから、友人関係もその変動に伴い変化することが多い。このことから、いったん友人になったとしても、その関係が長期にわたって続くという保証はどこにもない。人間関係の安定性がないかわり、新しい人間関係の開拓は、移動の激しい社会では比較的容易であると考えられる。というのも、そのような社会では、自分が新しい環境におかれることも多く、また自分自身が移動して新たな人間関係を築かなければならなかったという経験をした人も多い。そのような経験から移住者への共感も生まれ、移住してきた人を温かく迎えることが多い。また、移住者が新たな資源を持ってきていると解釈されるケースも多い。これは、「先住民」の視点からすると、転出していく人の多いコミュニティでは、転入者なしではコミュニティが存続できないからである。

そのような変動の激しい社会では、友人関係への期待も安定した社会とはさまざまな点で異なる。たとえば、友人も、自分の好きな人を選べるケースが多い。というのも、常時新しい人間が入ってくれば、今いる人だけを友人の対象とする必要がないからだ。好きな人がいなければ、気に入った人が現れるまで待つことができる。また、いったん友人関係を築いたとしても、途中で嫌になれば、友人関係を絶つことも、変動の激しい社会では比較的容易である。というのも、変動の激しい社会では、嫌な人と顔を合わせ続けなければならないことの確率は低くなるからである。また、もしさまざまな集団への所属が個人の意思、嗜好によって決まるのであれば、所属集団自体を変え、嫌な人間を避けることも可能なのである。したがって、自分の意思や嗜好で所属集団を選べるような社会、変動の多い社会では、簡単に加入でき、簡単に辞退できるのであるから、多くの人が複数の集団に所属することが可能であり、そのため友人の数も多くなる[23]。

また、自分の意思や嗜好で友人が選択できる社会では、「友人」の概念も、自分を支えてくれる人、自分と意見のあう人というふうに、圧倒的に肯定的である。実際、アダムスとプラウト[24]によると、アメリカ人の調査回答者の82パーセントが5人以上友人がいるという自己申告をしており、「友人」から52パーセントが感情的サポート、46パーセントが一緒にいてくれる存在、36パーセントが信頼できる人という自由連想をしている。そしてアメリカ人の回答者では、ネガティブな連想が非常に少ない。アダムスとプラウトはガーナでもデータを取ったが、面白いのは、ガーナ人では、回答者のたった8パーセントしか、「友人」という概念から「信頼」を連想していないのに対し、実に44パーセントが「注意しなければならない」というネガティブな連想をしていることである。人間関係に変動の少ないガーナでは、友人関係はいったん成立してしまえば一生続くものであり、運が悪ければ、友人を経済的にも援助しなければならない。つまり友人が自分の「お荷物」になるケースも少なくない。したがって、ネガティブな連想も多くなるのであろう。ガーナでの友人関係と比較しても、アメリカでの友人関係は個人の立場から、自己中心的に規定されていることがよく見て取れる。

このように、個人の意思、技量、嗜好が友人関係の形成に重要な役割を果たす社会では、その個人主義ゆえに、皮肉にも、友人関係への満足度は自己への満足度、ひいては人生全般への満足度とも相関が高くなる可能性がある。この意外な相関関係は、実際ディーナーとディーナー[25]の研究で報告されている。つまり、友人関係への満足度と人生全般の満足度は、個人主義の傾向の強い国であるほど関係が強いという結果である。個人主義の国では友人に満足すれば友人関係を続けるし、満足しなければ友人と見なさないという個人の視点から友人の取捨選択ができる。対人関係の技量のある人は、友人関係にも満足しているし、それが自尊心にも繋がり、人生全般の満足度も高いという結果に繋がっているように思われる。

日本ではたまたまクラスを一緒にとったからとか、一緒のサークルに在籍していたからというところから友人関係が生まれることが多い。同じサークルに所属していれば、友人に満足しなくても顔をあわせなければならないから、簡単に友人関係から逃げ出せるようなものでもない。つまり、個人主義の国での友人関係と異なり、日本での友人関係では、自分の思いどおりに友人になったり、友人でなくなったりするという自由が利かない。仕方なく付き合っているという関係も多々あるであろう。そこでは、人生全般には満足していても、友人関係にはそれほど満足していないという人も少なからず出てくるはずであり、友人関係への満足度が人生全般への満足度と相関が低くなるのも理解できよう。

幸せは、人に見せるもの?

上記のとおり、個人主義は自尊心だけでなく、対人関係の考え方にも反映されているが、感情という面では誇り（プライド）と最も関係が深い。というのも、誇りは自分や自分が同一視するグループが何かを達成した時に感じる感情であるからだ。そこから幸せと誇りは、個人主義の社会で相関が高いことが予想される。この点に焦点を当てて、北山たち[26]は幸せと誇りとの関係を調査したが、アメリカ人では予想どおり、幸せと誇りとの相関関係が強かったのに対し、日本人では幸せは親しみなどの協調的対人的感情との相関が高かった。また、内田たち[27]は調査対象者に幸せについての自由記述をしてもらったが、アメリカ人では「幸せ」から誇りなどの独立的感情が頻繁に連想されたのに対し、日本人では誇りよりも周囲の人間との調和などが頻繁に連想されている。

「幸せ」と「自尊心」あるいは「誇り」との心理的距離の近さからも想像がつくとおり、アメリカ人の間では、幸せと感じたら周囲の人にそれを示すことが当然のように思われているが、「幸せ」と「親しみ」との距離が近い日本や韓国では、幸せは必ずしも周囲の人に見せびらかすものではないという意識が強い[28]。ソニヤ・リュボマースキー[29]がアメリカとロシアで行った調査でも、幸せと感じた際、みんなに自分が幸せであることを伝えると答えた者が、アメリカでは回答者の60パーセントを超えたが、ロシアでは15パーセントに過ぎなかった。ジェファーソン流の、幸せが自分で掴み取ったものであれば、それが誇りに繋がり、自尊心に繋がり、人に見せてもおかしくないものになりえるが、日本のように幸せが、運が良かったから感じられる感情であると認識すれば、それは誇りや自尊心とは関連しないし、周囲の人に見せびらかすような類のものではないことは、すぐに認識できるであろう。

また、幸せが運によって決まるという意識があれば、それがアクティブに追求できる類のものではないという認識に繋がるであろう。実際、実験的に設定した課題で、アメリカ人の学生は「幸せ」や「楽しみ」を増すような選択をするという結果が出ている。たとえば大石とディーナー[30]は、被験者に実験室に来てもらい、バスケットボールのフリースロー課題を与えて、10回のフリースローをどれくらい楽しむかを測定した。1週間後に実験室に戻ってきてもらった際には、もう一度フリースローにするか、あるいはダーツゲームをするかという選択肢を与えた。すると、欧州系アメリカ人では、最初のフリースローを楽しんだ人は再度フリースローを選び、あまり楽しまなかった人はダーツゲームに変更した。その結果、全体として2回目のほうが1回目より課題を楽しんだという結果が見られた。ところがアジア系アメリカ人では、そのような傾向は見られなかった。つまり、楽しみを最大限にするという選び方をしているのではなく、1つの課題をマスターするという選び方をしている人がかなりいたということが推測される。アメリカ人の間では、挨拶代わりに「ハブ・ファン（楽しんでね）」という常套句が使われるが、これも楽しみ、幸せ感を最大限にすることが日常生活でのモチベーションとして作用している証であるように思われる。日本だと、同様の状況で「がんばってね」といったところであろうか。

幸福感の記憶

幸せを考えるうえで、記憶は避けて通れないトピックだ。というのも、さまざまな出来事について、その時どれくらい自分が幸せだったと記憶しているかは、人生を振り返り、満足感の判断をする際、重要な要因となるからだ[31]。極論を言えば、理想のパートナーとめぐり合い、今まで経験したことのないような一心同体感を覚えたとしても、それが記憶に残らない記憶喪失者には、自分の人生を振り返って、素晴らしいパートナーと素晴らしい時間を過ごせた、人生全体も満足いくものだったと主観的に感じることはできない。また、夫婦で同じ温泉に行き、同じように楽しんできた旅行でも、妻は新鮮な川魚料理や露天風呂から見た川の眺め、赤い落ち葉が川にさらさらと流されていく音と光景を鮮明に記憶しているのに、同じことを経験したはずの夫は、何を食べたのか、露天風呂から何が見えたかもさっぱり覚えていないというのであれば、やはり温泉旅行がどれくらい楽しかったかという回顧的評定を行う際に、夫婦間でかな

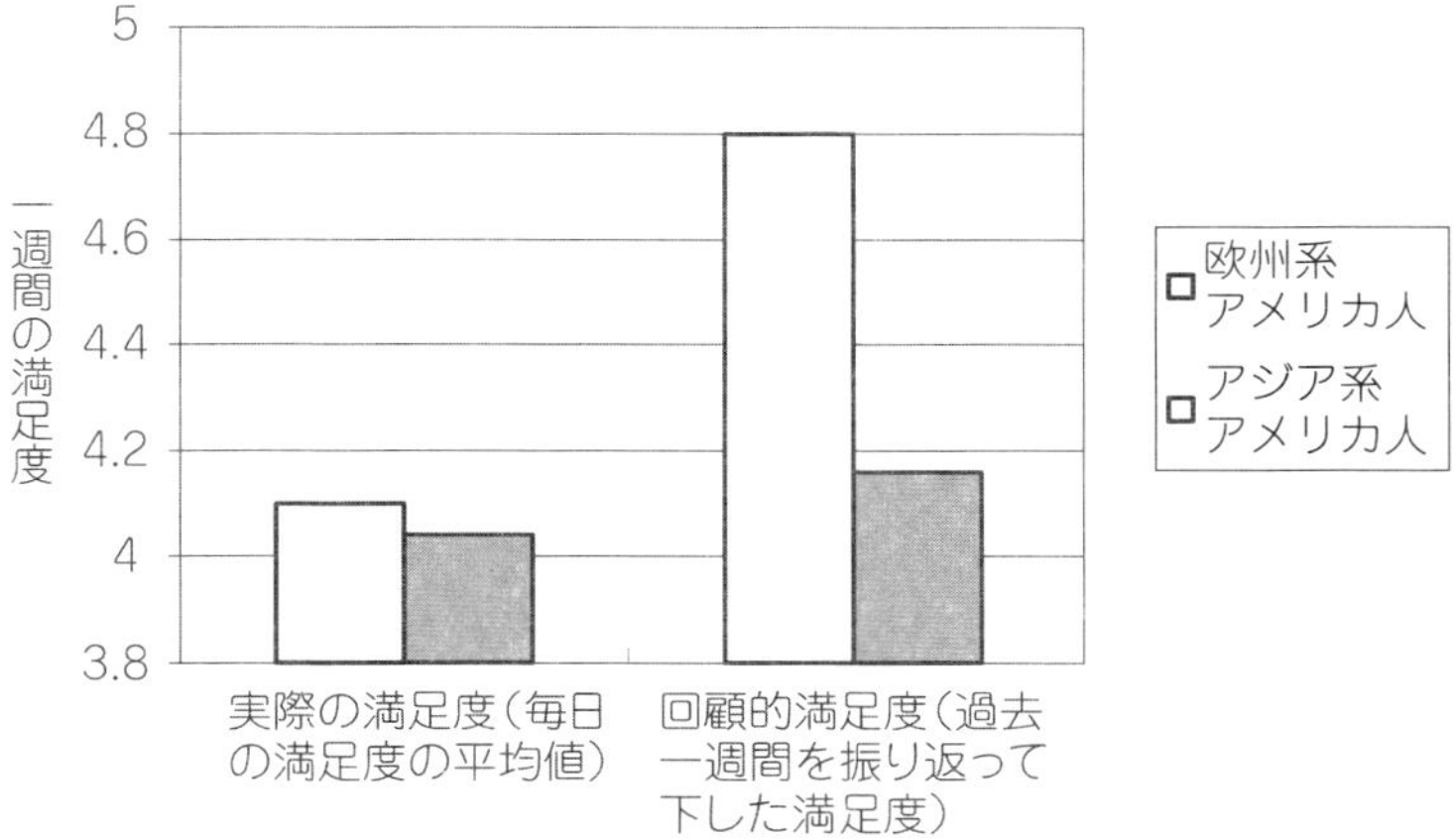

図1　実際の満足度と過去1週間を振り返った満足度（Oishi, 2002より）

りの差が見られるだろう。このように、主観的な幸福感を語るうえで、何をどう記憶しているのかは、どんな出来事を実際経験してきたかと並んで鍵となってくるわけだ。

幸せの記憶についても、東西の文化差が研究されてきた。たとえば、先述の大石とディーナー[32]の研究でも、第1週にどれくらいフリースロー課題を楽しんだかという質問を第2週にしたが、実際には1週目にはなんら課題の楽しみ度に文化差が見られなかったにもかかわらず、2週目には欧州系アメリカ人のほうがアジア系より「楽しんだ」という自己報告をしている。また、大石[33]は、日記法を用い、被験者に7日間毎日、その日の満足度を記録してもらったが、フリースロー同様、毎日の満足度に文化差はなんら見られなかった。ところが、8日目に過去1週間の満足度を求めると、欧州系アメリカ人では満足度が7日間の平均値よりも有意に高い報告がされたのに対し、アジア系では平均値とほぼ同様の満足度が8日目にも報告された。また大石[34]では、携帯型コンピユーターを利用し、ランダムに信号音が鳴った時の感情を1週間にわたり記録してもらい、8日目に過去1週間の感情経験について報告してもらったが、結果は基本的に、日記法で取ったデータと似かよったものが得られた。

ランダムな瞬間の感情や毎日の満足度の判断は、実際にどんな状況におかれていたかやどんな出来事が起こったかによって決まるところが多いが、1週間を振り返る際は、細かい出来事の記憶は薄れているわけだから、総合的評価では、実際に起こった出来事だけではなく、個人の持つ自己概念（たとえば、自分は幸せな人間だ）や信条（テレビドラマ『水戸黄門』のテーマソングのように、人生楽ありゃ、苦もあるさ）などがベースになっていると思われる。つまり、過去1週間の生活がどうだったかを評価する際、すべての出来事が記憶に残っているわけはなく、またどんな出来事が起こったかを慎重に振り返る人は少数派である。自分は幸せな人間だと思っている人は、例外的にひどい1週間でなかった限りいい1週間だったという評価を下すだろうし、また自分は不幸せな人間だと思っている人は、例外的にいい1週間でなかった限り、いまいちの1週間という判断を下すであろう。さらには、「人生楽ありゃ苦もあるさ」という人生観を持っている人は、どんないいことが過去1週間に起こったかとともに、どんな嫌なことが起こったかも想起しようとするであろう。つまり、回顧的判断を下す際には、自己概念や信念をベースにすることが多く、したがって性格や文化の差も顕著に見られるのであろう。

実際、自尊心の高い人がランダムな瞬間に感じた肯定的感情を回顧的判断で誇張するのに対し、神経症の傾向が高い人は過小評価するという研究も報告されている[35]。つまり、どのように肯定的な体験を記憶しているかにも、個人差が見られる。

また、少なくとも幸福感についての信条は、一部文化的起原があることはいなめないであろう。たとえば、アメリカでは「元気?」という挨拶に「疲れているの」とか、「忙しすぎて死にそう」だとか弱音を吐いたり、同情を求めるような態度を一部のケース（家族と真の友人）以外では見せてはいけない。弱音を吐いていると、友達になったら「お荷物」になりそうな、面倒な人間と見られる可能性が高く、アメリカ人からは避けられる可能性が高い。アメリカでは、弱音を吐かず、いつも元気で幸せでいる人がうまく生きている人であり、友達になり甲斐のある人物なのである。そうであるから、できるだけ明るく、幸せに振る舞わなければ、というプレッシャーも自然と生まれる[36]。また、このため、自分の人生を振り返る際も、良かった出来事に焦点を当て、自分の人生は全般的に肯定的であるという信条を持ち、その信条と一貫性のある自己報告をすることになることが多いのであろう。まさに、"Don't Worry, Be Happy!" なのである。

日本では、逆にあまり元気すぎたり、幸せすぎたりすると友人から嫌な目に遭うことが多い。たとえば、大学時代友人の間で、幸せそうに見えるものは「幸せ税」を払わなければならない（つまり、ランチかビールをおごる）というゲームがあった。北山とマーカス[37]が論ずるとおり、日本では友達と一緒に苦しみ、悲しむことが、一緒に喜ぶことより大事だと考えられているようだ。これも、誰か仲間で不幸な経験をした人に必要以上に嫌な思いをさせないという協調的かつ同情的気遣いからきている考え方だと思うが、それらが内在化されると、上述のような良かった出来事を強調しないという結果に結びつくのではないだろうか。

文化と幸福感――まとめ

このように、歴史的、文化的、そして社会の組織的相違から、さまざまな幸せの概念が生まれ、それらの概念からさまざまな幸せのあり方が生まれてきたと推測される。前述のとおり、幸せの定義にはさまざまなものがあるが、心理学では人生の満足度や幸せと感じる頻度などで測定することが多い。どれくらい自分の人生に満足しているかやどれくらい頻繁に幸せを感じるかの判断自体は、個人の価値観によって判断をしてもらい、研究者の価値観（何が幸福感なのか）を押し付けない方法である。個人の主観的な視点を重視するという意味で、このアプローチでは幸福感の研究を主観的ウェルビーイング（ＳＷＢ）の研究と呼ぶ[38]。つまり、穏やかな日々の生活を理想に掲げる人は、どれくらい自分が穏やかな生活を送れているかで人生の満足度の判断を下してもらえばよいし、逆に変化に富んだエキサイティングな生活を送りたいと思っている人には、どれくらい自分がエキサイティングな生活を送っているかで人生の満足度を判断してもらえばよい。ＳＷＢのアプローチからすると判断基準自体は個人差があってよいし、何でも構わない。とにかく、自分自身の基準からしてどれくらい自分の人生がうまくいっているかを判断してもらえれば、それで貴重なデータとなりうるのである。

筆者自身はこのアプローチで研究を続けてきたが、すべての幸福感研究者が、このアプローチに同意しているわけではない。たとえば、ウィスコンシン大学のリフ教授は、ＳＷＢのアプローチからすると、ヒットラーでも、(ユダヤ人を虐殺すればするほど) 幸福であることになるし、連続殺人者は、多くの人を殺せば殺すほど満足感が増えるということになる。これは問題であり、人間の善を強調するためにも、人間としての成長、温かい人間関係、環境の克服、自己の受容などがウェルビーイングの基準として使われるべきだと主張している。また、ロチェスター大学のデシ教授とライアン教授も、自己決定理論の視点から、自立心、対人関係、有能さをウェルビーイングの基準とすることを提唱している。デシ教授もライアン教授も、リフ教授同様、ドラッグを使ってハイになっている人が幸せと言えるのかといった疑問をSWB論者に投げかける。

このように、現在の心理学研究では、さまざまなアプローチからさまざまな面白い研究結果が大量に発表されている。以下の章で代表的研究結果を紹介するが、なるべく多様なアプローチを取り上げていきたい。

第5章　幸せをどう測るのか?

人生の満足度得点

前章で、幸せの概念が文化あるいは階層によって異なることを見たが、これらの相違は幸せが測定不可能だということを意味しているのであろうか? この章では、先行研究で幸せ、あるいは人生の満足度がどのように測定されてきたかを紹介する。また、測定上のさまざまな問題点にも言及する。

ギャロップ社などの大規模な調査では、「全体的にどれくらい幸せですか? まったく幸せではない/まあまあ幸せ/とても幸せ」や、「あなたは、自分の人生にどれくらい満足していますか?」といった問いがなされる。測定の分野では、1つの質問項目だけでは信頼性が落ちるので、最近では数項目からなる尺度がよく使われている。たとえば、ディーナーらの人生満足尺度(SWLS)[1]は、以下の5つの項目からなる。

1　ほとんどの面で、私の人生は私の理想に近い。
2　私の人生は、とてもすばらしい状態だ。
3　私は自分の人生に満足している。
4　私はこれまで、自分の人生に求める大切なものを得てきた。
5　もう一度人生をやり直せるとしても、ほとんど何も変えないだろう。

この5つの項目に、次の1から7までの番号を使って答えてもらう。読者もこの5項目に答えてみて欲しい。

1　まったく当てはまらない
2　ほとんど当てはまらない
3　あまり当てはまらない
4　どちらとも言えない
5　少し当てはまる
6　だいたい当てはまる
7　非常によく当てはまる

この5つの項目への回答を足して合計を出し、それが人生の満足度得点となる。心理学者による幸福感の研究ではこのＳＷＬＳが最も頻繁に幸福感の測定に使われているが、エド・ディーナー教授によると、30点以上の人は非常に満足度が高く、すべての面で人生がうまくいっていると感じている人である。25点から29点の人は、だいたいにおいて人生が順調な人。20から24点の人は、平均的な人生の満足度。15から19点の人は、人生の満足度はやや低め。人生のある側面で非常に不満がある人。10から14点の人は、さまざまな面で不満のある人。5から9点の人は、自分の人生に対して不満が非常に強い人。最近、未亡人になった人や、職を失った人がこのカテゴリーに多い[2]。

ちなみに過去の調査では、日本の大学生では平均が約18から22点、アメリカではだいたい23から26点である。また、標準偏差は6点くらいなので、日本の大学生を基準にすれば、26から28点以上の人は、日本では人生の満足度でトップ15パーセントくらいだと言える。逆に12から14点以下の人は、日本

表1　人生の満足度

回答者	SWLSの得点
アメリカの男性囚人（N＝75）	12.7
心理療法の患者：治療前（N＝27）	14.4
心理療法の患者：治療後（N＝16）	18.3
中国の大学生（N＝99）	16.1
ロシアの大学生（N＝61）	18.9
韓国の大学生（N＝413）	19.8
日本の大学生（N＝186）	20.2
アメリカの障害者大学生（N＝32）	20.8
アメリカの大学生（N＝358）	23.0
アメリカの看護婦（N＝255）	23.6
アメリカの印刷工場員（N＝304）	24.2
アメリカの大学生（N＝130）	24.5
フランス系カナダ人女性（N＝236）	26.2
フランス系カナダ人男性（N＝77）	27.9

（Pavot & Diener, 1993 に基づいたもの；ただし日本のデータは Suh et al., 1998 のデータに基づく）

では人生の満足度の下位15パーセントくらいだと言える。参考までに、過去の研究結果を表1にまとめてみた。面白いところでは、アメリカの男性囚人の平均が12・7[3]であったので、SWLSのスコアが12点だった人は、アメリカの男性囚人と同じくらいの人生の満足度だと言えよう。

このような自己報告による人生の満足度のスコアは、果たして信頼できるのであろうか？　このような尺度が信頼できるどうかは、さまざまな観点から吟味する必要がある。理論的にも、幸福感研究の第一人者アンガス・キャンベル[4]が述べるとおり、幸せの自己評価が意味をなすためには、その大前提として、人が数え切れないほどのさまざまな体験を1つの数値としてまとめあげる能力を持ち合わせている必要がある。そして、もし回答者がさまざまな体験を総括的に1つの数値としてまとめることができるのであれば、この数値は比較的安定しているはずである。また、この数値が意味をなすには、回答者が率直に自分の意見を数値としてまとめ、回答することが望まれる。このような前提が満たされてはじめて、人生の満足度のスコアが解釈可能となる。

満足度尺度の信頼性

まず第一に、長期的安定性について。幸せの自己報告が信頼性のあるものであれば、同じ人に同じ質問を違う日に聞いた時、最初の答えと2度目の答えとがある程度合致している必要がある。すなわち信頼できる知能テストがそうであるとおり、長期的安定性のある尺度では、1回目にスコアの高かった人は2回目も高いはずだ。ストラックとシュワルツ[5]は、人生の満足度の長期的安定性の文献をレビューした結果、1回目と2回目の相関が非常に低かったとして、自己報告による人生の満足度の尺度の信頼性に疑問を投げかけている。また、このような不安定性は、これらのスコアがその時の気分や直前にどんな質問を受けたかによって変化するからであると言う。たとえば、シュワルツとクロア[6]の研究では、晴れた日にインタビューされた人のほうが雨の日にインタビューを受けた人より人生の満足度が高かったし、シュワルツら[7]の研究では、直前にデートの質問を受けた人では、恋愛関係への満足度が人生全般の満足度と相関が強かった（つまり、人生の満足度について考える際、恋愛関係のことを考えていたであろう）のに対し、デートの質問を受けなかった人では、恋愛関係への満足度と人生全般についての満足度の相関は低かった（つまり、人生の満足度について考える際、恋愛関係のことを特に考慮しなかった）。ストラックとシュワルツ[8]は、人生の満足度評価がさまざまな外的要因によって変化することから、人生の満足度尺度は信頼性に欠けるという立場を打ち出し、自己評価に基づく幸福感の研究を厳しく批判している。

この論文は、有名な心理学者によって書かれたので、頻繁に引用されている。しかしながら、最近のレビューによると、これとはまったく異なる結果が報告されている。たとえば、シマックと大石[9]は、それまでに発表された83の人生の満足度のテスト・リテスト相関係数をメタ分析（過去の複数の研究結果を統計的に分析・統合して、より信頼性の高い結果を求める研究）したが、テスト・リテストの間隔が1年未満のデータでは、ほとんどの場合0・40から0・80という高い相関を示した。つまり、1回目の測定時に人生の満足度の高かった人が、2回目も高かったという結果である。一番長いテスト・リテストのインターバルで15年というデータもあったが、この場合ですら、相関係数は約0・30であった。つまり、2回

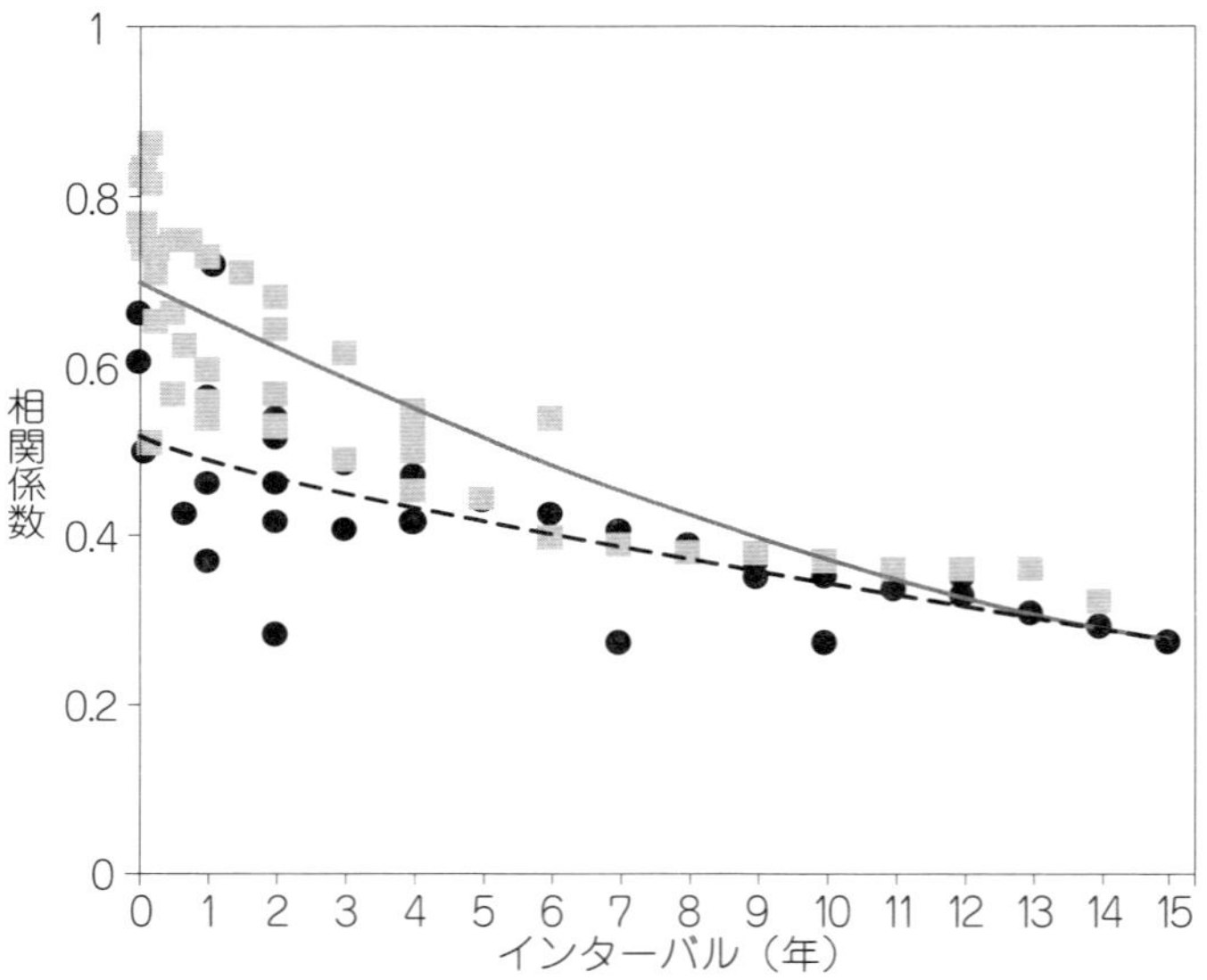

図２　テスト・リテスト相関（Schimmack & Oishi, 2005 より）

目の測定が1回目の測定から15年も後に行われた際ですら、1回目と2回目の人生の満足度に有意な相関が見られたのである。ロバーツとデ・ベッキョ[10]の性格特性のテスト・リテストのメタ分析によると、1年間のインターバルで相関係数が0・55というから、人生の満足度の安定性は、性格特性のそれとほぼ等しく、長期的安定性といった面での信頼性があることが示されている。

また、アイドとディーナー[11]の分析によると、74パーセントの個人差は、比較的安定した、特性としての人生の満足度（つまり、満足しやすい性格）で説明でき、測定時の気分のような測定時特有の状況の人生の満足度に及ぼす影響は16パーセントに過ぎなかった。ストラックとシュワルツ[12]が唱えるとおり、測定時の気分の影響には注意が必要だが、気分の影響があるからといって、自己報告による人生の満足度の信頼性が低いかというと、そうでもないことが最近の研究により示されている。

満足度尺度の妥当性

しかしながら、1回目と2回目のレポートの相関が強いからといって、それですぐ人生の満足度の信憑性が高いとは言えない。心理学では、妥当性という概念で、ある尺度がその測定しようとしている概念を本当に測定しているのかを見極める。その妥当性の証拠のひとつとして、人生の満足度の自己報告と他者報告（たとえば、家族や友人）とが相関している必要がある。本人が人生に満足していると自己報告していても、家族や友人はそう受け止めていなかったり、逆に本人は満足していないと自己報告しても、家族や友人は本人が満足しているという場合もあるはずで、自己報告が他者報告と無相関の場合、自己評価の信憑性が薄いということになる。これは刑事事件の捜査と似ていて、真理を突き詰めるためにはさまざまな証拠が必要であり、1つの証拠からでは真理を見極めるのが難しいのに似ている。サンドビックら[13]によると、人生の満足度の自己と他者評価はかなり高い相関を示しているし[14]、日記法で測定した日常での肯定的な感情経験の頻度とも0・54から0・70という高い相関を示しており、その妥当性が示されている。また、リュボマースキーら[15]のメタ分析によると、人生の満足度の高い人が職場での評価も高く、結婚生活にも満足しているという結果からも、自己報告された人生の満足度にはある程度の妥当性があることが見て取れる。

自己報告の問題点

また、一応の信頼性と妥当性が示されたからといって、自己報告による人生の満足度に記憶のバイアスがないかというと、それもまた正確ではない。先述の大石[16]の研究でも、同一人物の日常生活での瞬間、瞬間の満足度と回顧的な自己報告による満足度とを比べると、平均値に有意な差が見られた。つまり、回顧的に満足度が高かったり低かったりと、満足度の記憶は正確ではない。また、前章で述べたように、コナー[17]によれば、自尊心の高い人は、日常での楽しい体験を回顧的に誇張する傾向があり、神経症傾向の強い人は逆に日常生活での嫌な体験を回顧的に誇張する傾向があるなど、回顧的記憶のバイアスは体系的に性格特性などと関連している。また、旅行中の満足度も旅行後過大評価されるという結果がいくつかなされているので[18]、回顧的な自己報告だけではなく、日記法などを用いて、日常的にどれくらい調査対象者が自分の人生に満足しているのかを測定することが重要である。

ただし、前述のとおり、自己報告に問題点があるからといって、カーネマン[19]のように、回顧的自己報告が無意味だと言うのは極論であろう。というのも、回顧的報告は、記憶のバイアスはあるものの、それぞれ個人の将来の重要な意思、決定を予測するからである。たとえば、ウァーツら[20]は、春休みに旅行に出かけた大学生に携帯型コンピューターを持たせ、春休み期間のランダムな瞬間にどういう気分だったかを測定し（日常体験抽出法）、春休み終了後すぐに、回顧的自己報告をしてもらった。以前の研究同

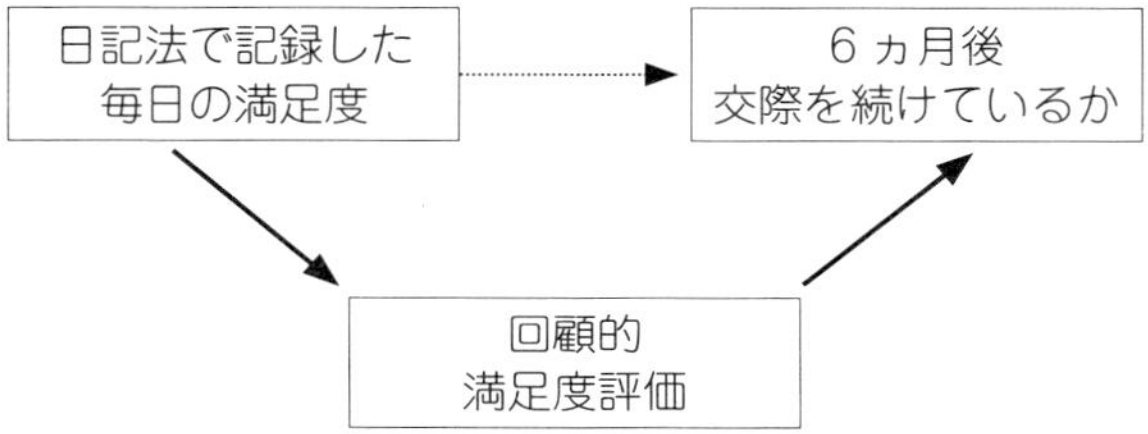

図３　回顧的満足度評価と日記法による満足度評価（Oishi & Sullivan, 2006 より）
日記法による満足度評価よりも回顧的満足度評価のほうが、6ヵ月後カップルが交際を続けているかどうかを正確に予測していた。

様、回顧的自己報告の満足度が高い場合のほうが、春休み中のランダムな瞬間の満足度が高い場合よりも、より春休みに行った旅行地に戻りたいと考える場合が多かった。逆に回顧的自己報告の満足度が低い場合のほうが、春休み中のランダムな瞬間の満足度が低い場合よりも、より春休みに行った旅行地に戻りたいと考える場合が少なかった。また、大石とサリヴァン[21]は、交際中のカップルに2週間日記法で毎日の満足度を測定し、日記法の終了直後に回顧的満足度を測定した。さらに、6ヵ月後どのカップルがまだ交際を続けているか調べたところ、回顧的満足感のほうが、2週間の実際の満足度よりも、6ヵ月後カップルが交際を続けているかを正確に予測していた（図3を参照）。これらの研究は、回顧的自己報告はバイアスがあるものの、意思、決定の際には重要な役割を果たすことを示している。

人生の満足度の測定と文化差

この章では、幸せという概念が測定可能なのかを検討してきたが、これはあくまでアメリカで行われた研究をもとにしている。したがって、ＳＷＬＳに代表される人生の満足度の尺度が、日本人や中国人にも同様の信頼性、妥当性があるのかという疑問はまだ解決されていない。そこで、ＳＷＬＳの信頼性についての比較文化研究をいくつか紹介する。

まずは、テスト・リテストの相関係数について。大石ら[22]は、日米の大学生各約１００人を対象に調査を行ったが、３週間のインターバルで取ったテスト・リテストの相関係数が日本で0・75、アメリカで0・76であり、両国で人生の満足度の高い安定性が示された。また、自己と他者報告でも、日本で0・30から0・41、アメリカで0・53から0・54という以前の研究[23]と合致した結果が報告されていることからも、ＳＷＬＳの日本での長期的安定性という面での信頼性と妥当性は、アメリカでのそれとほぼ同様のレベルである。

面白いことに、内的整合性という意味での信頼性は、アメリカでのそれほど高くない。たとえば、大石ら[24]の研究では、日本ではＳＷＬＳのアルファ係数（信頼性を示す尺度）が0・61から0・76であったのに対し、アメリカでは0・88から0・89であった。このアメリカの結果は以前の研究とほぼ一致しているので、日本での内的整合性が低かったことになる。項目別に見てみると、日本では第４項目と第５項目

(「私はこれまで、自分の人生に求める大切なものを得てきた」「もう一度人生をやり直せるとしても、ほとんど何も変えないだろう」)の2つが、他の項目との相関が比較的低かった。これは、以前発表された大石[25]のアメリカと中国の比較研究の結果と非常に似ている。

この研究では、約900人と調査対象者数が多かったため、項目反応理論[26](IRT)という手法を使って、SWLSの項目ごとの機能の文化差を厳密に調べることが可能だった。まず、日本での結果[27]と同様に第4項目と第5項目の機能に米中で違いがあることが示された。具体的には、全般に人生に満足しているアメリカ人は、これまでに求めた大切なことを手に入れてきたし、もう一度人生をやり直せるとしてもほとんど何も変えないだろうと言う。ところが、全般に人生に満足している中国人では、これまでに求めた大切なことを必ずしも手に入れてこなかったし、もう一度人生をやり直せるとしたら、何かを変えるであろうと言うのである。このことから、過去を振り返るという意味での人生の満足度は、日本や中国ではアメリカとは違った意味合いをなしていることがわかる。大石[28]では、構造方程式モデル[29]という手法を使って同様の項目分析も行ったが、この場合も、項目4と5で米中の相違が発見された。このことからも、日米や米中の比較には、最初の3項目だけで行ったほうが正確と言えるであろう。

幸福感は、SWLSのような自己報告、上述の他者報告、日記法、日常体験抽出法に加え、近年さまざまな手法を使って測定されている。

たとえば、ウィスコンシン大学のリチャード・ディビッドソン教授のグループは、左脳前頭葉部と右脳前頭葉部の脳波を測定し、左脳前頭葉部の脳波の活動が右脳に比べどれくらい活発かによって幸福感の尺度を作り出している。アーリら[30]は、脳波とさまざまな幸福感の尺度との相関を調べ、リラックス中にどれくらい左脳前頭葉部の活動が右脳前頭葉部の活動より活発かという指標と、リフ[31]の幸福感の尺度との間に0・33の相関を見いだした。また、先述のSWLSとの相関も有意で、0・30であった。つまり、左脳前頭葉部が右脳前頭葉部に比べ活発であればあるほど、幸福感が高いという結果である。ディビッドソンによると、チベットの仏教僧の脳波を測ったところ、左脳前頭葉部の活動が右脳前頭葉部よりもはるかに活発であったそうだ。また、瞑想の訓練を行っている人と行っていない人を比較した際も、瞑想の訓練を行っている人のほうが、行っていない人より左脳前頭葉部の活動が活発であったというので驚きである[32]。まだ他の研究グループから同様の結果が発表されていないので、現時点ではどれくらい信憑性のある結果なのかははっきりしないが、これも将来幸福感の測定に厚みを与えてくれる有力な候補である。

瞬間的な幸福感という意味では、エックマンとフリーセン[33]の顔の表情分析法や、顔の筋肉の動きを測るEMGという手法（センサーを顔につけて、どこの筋肉に動きがあるかを測定する方法）を使った研究も盛んに行われている[34]。たとえば、幸せなふりをしている時は唇の周りの筋肉がつりあがっているが、頬の筋肉はうえにあがらず、目の周りの筋肉の変化も少ない。ところが、本当に幸せな時は、唇の周りの筋肉がつりあがるだけでなく、頬の筋肉もつりあがり、目の周りの筋肉も外側に向かって動くことがわかっている。

また、ストレスホルモンのコーチゾールを唾液などから抽出し、測定する方法も使われている。アーナートら[35]は、15ヵ月になる幼児の唾液中コーチゾール量を託児所で母から離れる前と離れてから30分後、60分後に測ったが、母との愛着が安定している幼児では、愛着が不安定な幼児に比べ唾液中コーチゾール量が少なかった。つまり、安定した愛着関係を築いている幼児では、不安定な愛着関係しかない幼児に比べて母親からの離別がストレスに思われなかったわけだ。このような先行研究からも、唾液中コーチゾール量と幸福感との間に負の関係があると思われる。

リフら[36]は、朝起きて30分後、昼食前、それから夕方の3回にわたってコーチゾールを唾液から抽出し、その変化と幸福感との相関を調べたが、75歳以上では、人生の目的をはっきりと持っている人、自分が未だに成長していると感じている人が、朝から夕方にかけてのコーチゾール量の変化が少なかった。

残念ながら、過去の研究では、朝から夕方にかけての唾液中コーチゾール量の変化が少ない人のほうが不健康であるという結果[37]も出ているので、リフらの結果の解釈は不明な点が残る。たとえば、アバークロンビーら[38]は、乳がんの発覚した中年女性17人と乳がん患者と乳がん以外のさまざまな面で似ている（年齢、最終学歴、社会的地位）対照群31人の朝から夕方までの唾液中コーチゾール量の変化を調べたが、乳がん患者のほうが、対照群より変化が少ないという結果を報告している。ここからも、朝から夕方へかけての唾液中コーチゾール量の変化が何を意味しているのかには疑問な点も残り、ウェルビーイングの指標として利用可能なレベルの信頼性と妥当性を持つのか、調査を続ける必要がある。

心理学者のなかには、自己報告を原始的で不完全な手法だと馬鹿にし、生物学的指標を崇拝する人も多数いるが、コーチゾールの例からもわかるとおり、生物学的指標がいったい何を意味しているのかは、思われているほど明確で客観的なわけではない。また、脳のある部位で活動が見られたからといって、それでどれくらい研究対象への理解が深まったのかは、明確ではないことも多い[39]。

以上さまざまな幸福感の測定方法の考察を試みたが、それぞれの方法には利点と欠点があるので、これらを併用しながら研究を進める必要がある。

第6章　幸せの自己評価過程

何が自己評価に影響を与えるのか？

第5章では、幸せの自己報告がある程度の信頼性と妥当性を持っていることを示したが、どのようにこの自己評価が下されるのかの過程も、実験社会心理学者により研究されている。前章に挙げたストラックとシュワルツ[1]の研究がその代表であるが、幸せの自己評価を下す際に何を考えていたかは、幸せの自己評価自体に少なからぬ影響を与える。これは、デートの例でもわかるとおり、質問項目の順序によっても変わるし、新聞記事やテレビのニュース、耳に入った誰かの会話によっても変わるかもしれない。たとえば、イスラエルで神学校の学生がテロリストの自爆弾で殺されたというニュースを耳にする。また、世界同時不況で日本もアメリカの経済も深刻だというニュースを聞けば、多くの人は、幸せなんて言っていられないと思うだろう。ところが、野茂英雄が40歳にして大リーグのオープン戦で3回を無失点に抑えたとか、サッカーの日本代表がブラジルに勝ったとか、トヨタが世界一の売り上げを記録したなどのニュースを聞けば、なんとなく幸せな気分になるかもしれない。極端な話、いい映画を見れば人生が素晴らしく思えるし、商談が成り立たなければ、人生嫌になるだろう。こうしてみるとストラックとシュワルツが唱えるとおり、幸せの判断は、外的なランダムな出来事によって多大な影響を受けるように思える。実際、いかに些細なことで幸せの自己評価が変わるかが、さまざまな研究で示されている。

たとえば、シュワルツら[2]は、被験者を心地よいオフィスか狭くて汚れた小さいオフィスのどちらかに連れて行き、人生の満足度を測定した。誰が心地よいオフィスに行くか汚いオフィスに行くかは、ランダムに決められた。予想どおり、小綺麗なオフィスで自己評価した人のほうが汚いオフィスで自己評価した人より、人生の満足度が高かった。この実験では、人生全般の満足度とともに、住居についての満足度も測定した。面白いことに、住居という面では、汚いオフィスで自己評価を下した人のほうが綺麗なオフィスで自己評価を下した人より満足度が高いという結果が出た。つまり、汚いオフィスで自分の住居についての満足度について考えた人は、この汚いオフィスに比べたら自分のアパートはなかなか捨てたものでもないと思ったのであり、逆に綺麗なオフィスで自分の住居についての判断を下した人は、いかに自分のアパートが貧相なものかを思い知らされ、自分のアパートにあまり満足していないという評価を下したのであろう。つまり、判断を下す際の状況（オフィス）は、人生全般の満足度の評価に影響を与えたばかりでなく、自分のアパートを評価する際の比較基準を与えたことになる。

昔は良かった?

また、ストラックら[3]は、実験の被験者に最近の出来事か、数年前に起こった出来事について記述してもらった。さらに、それぞれのグループで、半数は良かったことについて記述してもらい、もう半数は嫌なことについて記述してもらった。どのグループが現在の状況に一番満足しているだろうか? また、どのグループが一番不満足であろうか?

最近の出来事を記述したグループでは、想像がつくとおり、良かった出来事を書いた人のほうが嫌な出来事を書いた人より現在の人生に満足していた。ところが、数年前の出来事を書いたグループでは、嫌な出来事を書いた人のほうが良かった出来事を書いた人より現状に満足していた。なぜこのような結果が出たのであろうか?

ストラックらによれば、数年前の状況は現状とはかけ離れたものであり(大学生の被験者では、数年前の出来事を思い出したグループでは中学あるいは高校時代の出来事を思い浮かべていたわけだが)、良かった出来事を書いた人たちは、いかに昔は良かったかと感じていたはずであり、したがって、今の生活は昔ほど良くないという判断を下したのであろう。逆に、昔の嫌な出来事を書いたグループでは、いかに昔の生活が嫌だったかを思い浮かべ、今の生活は昔に比べたらずっといいという判断をしたのであろう。

私自身ミネソタで過ごした極寒の冬を考えるたび、今住んでいるヴァージニアでの生活が素晴らしく思える。逆にミネソタでは、プロバスケットボールや大リーグのチームもあり、簡単にゲームを見に行けたし、大植英次の指揮するミネソタ管弦楽団や現代アートで有名なウォーカー美術館にも気軽に行けたので、それを考えると、ミネソタは良かったなあということになる。このことからも、人生の満足度を判断する際に、昔のいいことを考えるのか、嫌なことを考えるのかは、どういうふうに現在の状況を判断するかに影響を与えることになる。

しかし、昔のいい思い出を振り返るにしても、その思い出自体が現在の状況と対照的でなければ、ストラックらのような結果が出るとは限らない。たとえば、僕自身大学時代を懐かしく思い出すこともよくあるが、このこと自体が現在の状況を不満足にさせたりはしない。つまり、昔は良かったなあという思いが、必ずしも今の生活は嫌だなあには繋がらない。これは、大学時代が今の生活の対極にあるわけではなく、必ずしも同次元で比較できるようなものではないからだろう。

自己の成長

カナダのウォータール大学のマイケル・ロス教授は、人間が以前より成長したと思いたがることをさまざまな実験で示した。つまり、過去の自分を未熟視することで、現在の自分が良く見えるわけだ。たとえば、ウィルソンとロス[4]は、大学1年生に入学直後と1学期の終わりの2度にわたって自分の性格を評定させた。学期の終わりには、入学当時どのような性格だったかという評定もさせた。入学当時の性格の自己評価と学期末の自己評価を比べると、なんら変化は見られない。つまり、入学時も1学期の終わりにも、同じくらいの「神経症傾向」「勤勉さ」を示したわけである。ところが、学期末に入学当時を振り返った際には、今よりも「神経症傾向」で「勤勉さ」に欠けたという自己評価を下した。つまり、昔の自分は今の自分より未熟だったという評価を下しているのだ。実際の評定にはまったくなんら変化が見られなかったことからも、いかにこれらの大学生が、自分が成長していると思いたがるかを示している。

この結果を人生の満足度に当てはめると、昔の生活は辛かった、苦しかったというふうに昔の生活のネガティブな部分を誇張することによって今の生活をポジティブに評価する人もいるかもしれない。また、自分の人生がどんどん良くなっていると思う必要性を感じない人では、過去を事実よりネガティブに見ることは少ないかもしれない。いずれにせよ、過去と未来をどのように見るか[5]も、過去をどのように統合していくかという点で重要な影響を与える可能性があり、今後のさらなる研究が必要とされる。

アクセス可能性

前章でデートの項目が人生の満足度の項目の直前に聞かれるかどうかで、人生の満足度の評定が変わるという実験結果を紹介したが、これも社会認知の基礎研究概念であるアクセス可能性によって説明できる。人生の満足度を含めてさまざまな評定は、アクセス可能な概念によって影響される。大石ら[6]は、実験の被験者にまずキャロルという人物の「おくやみ」記事を読んでもらった。それから、キャロルの人生

について どれくらい「エキサイティング」な人生だったかを被験者の半数に評定してもらった。残り半数の被験者には、キャロルの人生がどれほど「平穏」だったかを評定してもらった。ここで、「エキサイティング」あるいは「平穏」という概念を提示して、評定を方向づけたわけである(「プライムする」と言う)。その後、SWLSを使って自分の人生についての満足度の評定を行った。そして、過去2週間にどれくらい頻繁にエキサイティングに関連する感情、つまりワクワクするなど刺激的な感情を覚えたか、また平穏に関連する感情、つまり穏やか、リラックスなどを覚えたかを測定した。

予想どおり、キャロルの人生がエキサイティングかどうかという評定をしたグループでは、自分自身の人生もワクワクしたか、刺激がたくさんあったかという側面から評定しているという結果が得られた。つまり、ワクワクすることや刺激が最近の生活でたくさんあった人は自分の人生に満足しているという評定を下したし、あまりワクワクすることがなかった人は、自分の人生にあまり満足していないという評定を下したわけだ。逆にキャロルの人生が平穏かどうかという評定をした人では、自分の人生がどれくらい穏やかかで評定していた。つまり、穏やかな気持ちを頻繁に感じた人は人生に満足しているし、穏やかな気持ちをあまり感じなかった人は、人生にあまり満足していないという評定を下したわけだ。このように、アクセス可能性の仮説に沿った結果が得られた。

この大石らの実験では、日記法を使って、1週間にわたって毎日の満足度とさまざまな感情経験も調べている。面白いことに、月、火、水曜日では、満足度とどれくらいその日にワクワクしたかの相関は0・32、0・33、0・37であったが、木曜日には0・44、金曜日には0・47、そして一番エキサイティングという概念にアクセス可能な土曜日には、0・58まで高くなった。つまり、土曜日にワクワクすることがたくさんあった人は、非常に満足できる一日だったという評定を下し、あまりワクワクするようなことがなかった人は、今日はあまりいい一日ではなかったという評定を下したわけだ。ところが、次の週のことを考え始める日曜日には、どれくらいその日にワクワクしたかとその日の満足度の相関は0・33まで下がった。日曜日と月、火、水曜日には、どれくらいワクワクすることがあったかが、どれくらい満足できる日だったかの規定要因ではないということだ。このことからも、どのような概念が毎日の満足度の評定に影響を与えるかは、システマティックに変動することがわかる。

また、大石らは、どれくらいワクワクした気持ちや刺激が人生で重要かの個人差についても調べてみた。というのも、常時刺激を求める「感覚追求者」という性格特性が知られていて、彼らには、刺激が常にアクセス可能な概念であると予想される。もし、「刺激」や「ワクワク」が常にアクセス可能であれば、彼らの人生の満足度の評定はどれくらい頻繁に「刺激」や「ワクワクした」気持ちを感じているかによると考えられる。実際、2度データを取ってみたが、2度とも、この仮説をサポートする結果が得られた。

この一連の研究から言えることは、アクセス可能な概念が人生の満足度判断に影響を与えるからといって、人生の満足度判断が、必ずしもランダムで安定性にかけるものではないということだ。トリー・ヒギンス[7]やロバート・ワイア[8]の社会認知研究からも明らかなとおり、さまざまな判断、評定はその瞬間にアクセス可能な概念だけではなく、常時アクセス可能な概念からも影響を受けている。常時アクセス可能な概念は個人の価値観や性格特性を反映したものであり、比較的安定している。人生の満足度の判断自体が比較的安定している理由のひとつは、どうも常時アクセス可能な概念にあるようである[9]。また、その瞬間にアクセス可能な概念でも、評定基準に関連しない概念は評定に影響を及ぼさないという結果も出ている[10]。たとえば、「サッカー」という概念がその瞬間にアクセス可能になったとしても、サッカーに関心のない人には、「サッカー」が人生の満足度に影響を与えるとは考えられない。シマックと大石[11]も論じているとおり、判断時に考えていたことはもちろん人生の満足度の判断に影響を与えるが、判断時に考えていたこと自体が、その個人に重要な、常時アクセス可能な概念であるという可能性も高く、だからこそ、1回目の評定と2回目の評定にかなりの相関が見られるのであろう。

また、ストラックとシュワルツが示した気分の影響にしても、同様のことが言える。判断時の気分というのはもちろん重要であるが、常に自分の人生に満足している人は、ランダムな瞬間にいい気分であることが多いし、逆に自分の人生に不満足な人は、ランダムな瞬間に悪い気分であることが多い[12]。そこからも、判断時の気分が人生の満足度に影響を与えるからといって、必ずしもランダムではないということもわかる。

満足度の判断のスピード

次に、満足度の判断をどれくらいのスピードで行うかも、先述したキャンベル[13]の前提を検証するうえで重要な情報を与えてくれる。ロビンソンとクロア[14]は、感情経験の頻度を判断する際のスピードを大学生を対象に測定したが、「今」どれくらい幸せかの判断は平均約2秒で下された。「過去2、3時間」にどれくらい幸せと感じたかの判断は2・25秒くらい、「過去2、3日間」と「過去2、3週間」にどれくらい幸せと感じたかの判断で2・4秒くらい、「過去2、3ヵ月間」にどれくらい幸せと感じたかの判断で2・5秒であった。判断の期間が長くなるにしたがって、その判断に関連する事項も増え、実験の被験者がさまざまな関連事項に思いをめぐらしているのであれば、判断対象となる期間が「今」、「過去2、3時間」と長くなるにつれて判断にかかる時間も長くなるはずであり、この仮説に沿う結果が得られたわけだ。

面白いことに、「普段」どれくらい頻繁に幸せと感じるかの質問では、平均2・2秒という「今」どれくらい幸せと感じるかと同じくらいのスピードで判断が下された。ロビンソンとクロアは、いったん判断対象の期間が「過去2、3ヵ月間」以上に延びると関連する事項、出来事が無限に増えるので、具体的な関連事項を探索、検証するより、むしろ自分が一般的に幸せな人間かどうかという認識と信条に基づいて判断するのではないかと論じている。

このロビンソンとクロアの実験結果は、キャンベル[15]の前提に疑問を投げかける。というのも、被験者が2秒あまりで本当にさまざまな経験を吟味、統合し、意味のある判断を下せるのかという疑問が残るからだ。もちろん、幸福感が人間にとって（特にアメリカ人にとって）非常に重要な事柄であるから、多くの人が普段からこの問題をしばしば考えているのなら実際2秒くらいで意味のある判断ができるのかもしれず、ロビンソンとクロアの結果が、完全にキャンベルの前提を覆すとは言い難い。過去40年にあまる社会的態度の研究でも、複雑であっても重要な問題への態度（たとえば小泉元首相に対する態度、環境問題についての態度）に関してはかなり素早く判断が下せることがわかっているし、それらの態度が比較的安定していることもわかっている[16]。これは、先にも述べたとおり、重要な問題については頻繁に考えているので、素早く判断を下せるのである。幸福感の場合も、自分が普段の生活で幸福感を感じているかについて頻繁に考える機会の多いアメリカの大学生（ロビンソンとクロアの被験者）では、2秒くらいでも信頼できる判断が下せるのかもしれない。また、個人的な体験から言わせてもらえば、アメリカ人の大学生は人生の満足度をすいすい答えていくが、日本人の学生にやらせると、アメリカ人よりずっと時間がかかっているので、日本人の学生が幸福感や人生の満足度を自己評価する際は、より慎重な判断が下されているのではないだろうか。どのように満足度の判断が下されるのかは、人生の満足度のスコアを理解するうえで重要な事柄であり、今後ともさらなる研究が必要とされる。

感情経験の記憶

前章で記憶のバイアスの問題を紹介したが、これはキャンベル[17]の前提にもかかわる重要問題なので、ここで再び吟味してみたい。フレドリクソンとカーネマン[18]の有名な実験では、被験者にいくつかのビデオクリップを見せて、見ている瞬間瞬間の感情の変動を測るために、一昔前のラジカセのチューナーのようなノブを使った。被験者は、ビデオを見ながら自分の感情の変動を瞬時にノブを回しながら示したわけだ。さらに被験者は、ビデオクリップを見終わってから、そのビデオを見て総合的にどう感じたのかを評価した。この実験によると、平均してどう感じたかではなく、どれくらい極端にポジティブあるいはネガティブに感じたか（ピーク時の感情）と最後に（ビデオが終わる直前に）どう感じたかが、ビデオの総合的判断に多大な影響を与えていた。この現象をフレドリクソンとカーネマンは、「ピークと最後効果」と呼び、感情の総合評価が、実際の感情経験全体を忠実に表すとはとうてい想定できないことを示して、キャンベルの前提に新たな疑問を投げかけた。

カーネマンら[19]はさらに、ビデオクリップを見るという受け身の感情だけではなく、冷水に手を突っ込んだ時の痛みという、より直接的な感情経験の総合評価がどう下されているのかについても研究を行っている。この実験では、被験者は二度冷水に手を入れなければいけなかったが、一度は14度Cの冷水に手を60秒間、もう一度は14度Cの冷水60秒間に加え、新たに30秒間15度Cの水に手をつけさせた。客観的に見れば、14度Cの水は15度Cの水よりは若干暖かいが、絶対的には冷たい水であるから、合計90秒冷水に手を入れていなければならない条件のほうが、14度Cの水に60秒間入れなければいけない条件よりも過酷である。だから、もし被験者がもう一度この実験に参加しなければならないのであれば、論理的には、90秒の条件ではなく、60秒の条件を選ぶべきである。ところが、この実験ではなんと69パーセントの被験者が、長い、90秒の条件を好んだ。これも、最後にどう感じたのかが、もう一度この実験に参加するならばどちらの条件を選ぶか、という判断に多大な影響を与えていることを示している。

また、カーネマンの研究グループは、腸内カメラによる大腸がんの診察の際も、最後の感情が将来同じ診察を繰り返すかどうかという判断に影響を与えるという結果を発表している[20]。この検診は非常に苦痛なので有名だが、ここでも最後に痛みを少し弱めるようなやりかたで腸内カメラを抜くようにした（ただし、検診の時間は長く、痛みを感じている時間も長い）検診を受けた患者のほうが、最後の痛みは強かったが検診自体は短くて済んだ患者よりも、また同じ検診を受けたいという自己報告を行ったという。この実験結果は、私自身の歯の治療での経験と重なる部分が多々ある。たとえ短くとも、痛烈な痛さのまま終わった治療の後には二度と歯医者には行きたくないと思ったものだし、逆に最初はすごく痛くても、徐々に痛まないようなかたちで終わった場合は、それほど強い嫌悪感を持たなかったものだ。また、最後に歯ブラシをサービスでもらうと、すっかりまた来ようという気になってしまう。やはり「終わりよければすべてよし」という言葉にもあるように、人間はあるエピソードを評価する際、終わりがどうだったかに重きを置くようだ。

以上の実験結果をもとに、カーネマン[21]は人間の総括的評価を下す能力を疑い、キャンベル[22]の立てたさまざまな体験を包括的に評定できなければならないという人生の満足度評定の大前提が必ずしも満たされていないことから、人生の満足度の総合的評価も、人間には無理だという結論を下している。ただし、カーネマン教授らによって行われた実験では、ビデオクリップも、冷水に手を入れる実験も、大腸がんの検診にしても、はっきりとした始まりと終わりがある。また、これらはいずれも短期間に起こった出来事の総合評価であった。したがってもっと長い期間についての、しかも始まりや終わりがそれほど明確でない人生の総合評価に、ピークと最後効果がどれほど適用できるかには疑問が残る。

実際、フェルドマン・バーレット[23]の90日間の日記法を使った研究によると、最後の日の感情は90日間全体の感情評価と有意な相関を示したものの、90日間の平均よりも相関が低かった[24]。つまり、バーレットの日記法を使った研究ではカーネマンらの研究結果とは異なり、平均的感情経験が、最後の感情経験よりも総合評価に及ぼす影響が強かったわけだ。同様に、大石とサリヴァン[25]の研究でも、6ヵ月後のカップルの交際状況は、2週間の平均値から予測可能だったのに対し、最終日の評定からは予測不可能であった。また、カップルが6ヵ月後にまだ交際を続けているかを、ピークの評定と平均評定とから重回帰分析すると、平均評定は6ヵ月後の交際を予測できたが、ピークの評定からは予測できなかった。2週間の平均評定のほうが、ピーク評定よりも「予測力」が強いという結果が出たわけだ[26]。つまり、バーレットや大石とサリヴァンによる日常的な感情評定の現場ではピークと最後効果はそれほど顕著ではなく、ここからも、ピークと最後効果が長期にわたる満足度の評定にどれくらい影響を与えるかには、疑問が残る。

満足度の判断はトップダウンか、それともボトムアップか？

次に、幸福感の研究者の間では、幸福感の自己報告がトップダウンのプロセスでなされるのか、あるいはボトムアップでなされるのかについての議論が盛んになされてきたので、ここで簡単にまとめてみよう[27]。

トップダウン・モデルでは、幸せか不幸せかは、性格特性などによって決められるものであり、普段から自分を幸せな人間だと認識している人は人生のさまざまな領域に満足を示すだろうし、普段から自分を不幸せな人間だと認識している人はさまざまな領域に不満を示すであろうことを予測する。つまり、細かい領域に変化が生じても、それが必ずしも全体としての人生の満足度評価には影響を与えないというモデルである。逆に、ボトムアップ・モデルは、人生全体の満足度は、さまざまな領域でどれくらい満足して

表2　人生の全体の満足度と各領域の満足度（架空のデータ）

	人生全体の満足度	家計	夫婦関係	仕事	3領域の平均
小林	10	9	10	8	9
大林	9	10	10	9	9.67
岡林	6	7	6	5	6
栗林	3	2	3	2	2.33
西林	2	2	3	3	2.67

いるかによって決まると予測するモデルで、ここでは個人の性格特性よりもむしろ人生のさまざまな領域での満足度の変動が、人生全体の満足度評価の変動を予測することになる。

まず人生のさまざまな領域における満足度と全体における満足度との相関関係はどれくらいなのであろうか？　いくつかの領域への満足度の平均値を使った場合、先行研究の多くで高い相関係数が示されており、概ね0・60から0・70である[28]。つまり、人生全般に満足している人はさまざまな領域への満足度も高く、逆に人生全般に満足していない人は、さまざまな領域への満足度も低かった。しかしながら、この高い相関係数は、自己報告によって満足度を測定しているので、水増しされている可能性がある。つまり、領域への満足度を高く評定する人は全体の満足度も高く評定するという、尺度の使い方の個人差を反映したもので、必ずしも人生全体と各領域での満足感の高い相関を示しているわけではないという可能性もある。

たとえば、表2に架空のデータを載せた。ここでは、尺度の使い方の個人差を強調するために以下のような設定をした。小林さんと大林さんは1から10までの満足度の尺度で8、9、10しか使わない。ところが、栗林さんと西林さんは、2と3という数値しか使わず、岡林さんは、5

か6か7という数値しか使っていない。このデータでは人生全体の満足度と3領域の平均の満足度との相関係数を換算すると、0・98という非常に高い数値が得られる。つまり、尺度の使い方に個人差がある場合、その尺度の使い方だけでも、2つの変数（ここでは、人生全体への満足度と領域への満足度の平均値）の相関係数を人為的に高めることがわかる。ここからも、人生全体の満足度といくつかの領域での平均的満足度との相関係数が何を意味するのかには、疑問点が残る。このような尺度の使い方の問題は、どうすれば解決されるのであろうか？

トロント大学教授で私の大学院時代の先輩にあたるウーリッヒ・シマック教授[29]は、自己報告における尺度、数値の使い方の個人差による、このような見かけの相関の水増しを解決するために、いくつかの領域での満足度の自己報告と人生全体への満足度の他者報告（いくつかの領域での満足度を自己報告した人物の友人や家族が、その人物の人生全体への満足度を評価したもの）との相関を調べてみた。もし、上記の0・60から0・70という相関が自己報告者の数値の使い方に起因するのなら、自己評価と他者評価を相関させた際、そこでの相関係数は低いはずである。ところが、シマックはここでも0・50という高い相関を発見し、尺度の使い方による相関係数の水増しはわずかであり、各領域への満足度と人生全体の満足度との相関が実質的であることを示した。

上記の相関は、尺度や数値の使い方の個人差からは説明できなかったが、さまざまな事柄をポジティブに見る人とネガティブに見る人がおり、そのような性格特性の個人差が人生全体の満足度と各領域についての満足度との関係に影響を与えるという、トップダウン・モデルでも説明が可能である（性格特性の第三変数説）。しかしシマック[30]は、この説明も不十分であることを次のように実証している。彼は、1

200人以上のトロント大学の学生からさまざまな領域、人生全体についての満足度、さらに外向性、神経症傾向などの性格特性のデータを取った。ここでは、学業、休暇、恋愛、家族など10領域での満足度を測ったが、各領域の平均満足度と人生全体の満足度とは、0・70という高い相関を示した。性格特性の第三変数説に沿い、性格特性はたしかに人生全体の満足度と有意な相関を示したし、領域の平均満足度とも有意な相関を示した[31]。つまり、性格特性が人生全体の満足度と各領域の満足度の評定に影響を与えるというトップダウン・モデルが一部支持されたことになる。ところが、性格特性を統計的にコントロールしても、人生全体と各領域への満足度との相関係数は0・64と、まだ高かった。つまり、人生の領域への満足度と人生全体への満足度との相関は、個人の性格特性からのみでは説明不可能であり、トップダウン・モデルは部分的にしか支持されなかったことになる。

それでは、領域への満足度が人生全体の満足度に影響を与えるというボトムアップ・モデルが真実なのであろうか？　シマックはこの問題にも取り組んでいる。

ドイツ政府がスポンサーとなって行っているドイツ社会経済パネルスタディという20年にわたる大規模な縦断研究では、数千組の夫婦が人生の満足度と各領域への満足度を回答している。さて、ボトムアップ・モデルは、人生全体への満足度における夫婦間の類似は、各領域への満足度における類似に起因するという予測をするが、トップダウン・モデルでは、各領域への満足度の類似は、人生全体への満足度の類似とは無関係という予測をする。つまり、トップダウン・モデルによれば、夫婦の性格特性が異なっていれば、いかに夫婦関係や家計への満足度が夫婦で似かよっていても、人生全体の満足度では似ていないという予測をするのである。実際にドイツのパネルデータを構造方程式モデルという統計的手法を使って分析した結果、シマックは、ボトムアップ・モデルを支持する結果を得ている。つまり、夫婦関係や家計への満足度が似ている夫婦は、夫婦間で性格が異なっていても、人生全体への満足度も似ているという結果が得られたのだ。

シマック教授の一連の研究をまとめると、トップダウン・モデルは一部支持されているが、最新の最も洗練された統計的分析の結果からは、ボトムアップ・モデルのほうが支持されている。

第7章　経済と幸福感

この本も後半に入るので、ここで、どんな人が幸せだと思うか、読者の方にもイメージしてみていただきたい。もし、この質問にあまりはっきりした答えが浮かばなければ、次の質問。何があれば、あなたはもっと幸せになれると思いますか？

おそらく多くの人が、理想の恋人（パートナー）がいたらとか、お金がもっとあったらとか、時間がもっとあったら、学歴がもっと高かったら、英語がしゃべれたら、ピアノが弾けたらとか、さまざまな条件を思い浮かべるだろう。私自身、もっとユーモアがあったらとか音楽ができたらとかよく思うが、これらの条件を持っている人が本当に幸せなのだろうか？　この章では、まず経済的な要因と幸せの関係についての研究を紹介しよう。

お金と幸せ

「あと100万円年収が多かったら」とか「宝くじに当たったたら」幸せになれると信じている人は、日本でもアメリカでもたくさんいるが、実際お金がどれくらい幸福感をもたらすのだろうか。年収と人生の満足度との研究は盛んに行われているが、欧米での研究では相関係数は、0・10から0・20という結果がほとんどである[1]。つまり、年収の多い人は少ない人よりやや幸福感が高いという結果である。たとえば、2004年のアメリカの一般社会調査によると、家族の年収が約200万円以下のグループでは17・2パーセントの人が「あまり幸せとは言えない」、60・5パーセントの人が「まあまあ幸せ」、22・2パーセントの人が「非常に幸せ」と答えたの対し、年収900円万以上では、5・3パーセントの人が「あまり幸せとは言えない」、51・8パーセントの人が「まあまあ幸せ」、42・9パーセントの人が「非常に幸せ」と答えている。

表3からも明らかなとおり、家庭の年収が200万円以下では、900円万以上の約3倍もの人が「あまり幸せとは言えない」と言い、また「非常に幸せ」との回答をした人の割合も900万円以上のグループの約半分しかいなかった（ただし、年収200万円以下のグループの20パーセント以上の人が「非常に幸せ」と回答していることは、それ自体驚きだが）。ここからも、貧困状態では幸せになりにくいということがわかるが、それではお金はあればあるほど幸福感に繋がるのであろうか？

カーネマンら[2]によると、お金はあればあるほど良いというわけでもないということだ。表3からもわかるとおり、家庭の年収が500万円から899万円のグループでは7・7パーセントの人が「あまり幸せとは言えない」、50・3パーセントの人が「まあまあ幸せ」、41・9パーセントの人が「非常に幸せ」と答えている。つまり、年収が500万円から899万円のグループの実に92・3パーセントの人が「まあまあ幸せ」、あるいは「非常に幸せ」と答えており、年収900万円以上のグループでの94・7パーセントという数値とほとんど差がない。言い換えれば、年収約500万円から899万円のグループと900万円以上のグループで、幸福感にほとんど差はないのだ。これはなぜなのだろうか？

表3　年収と幸せ

年収	あまり幸せとは言えない	非常に幸せ
約200万円未満	17.2%	22.2%
約200万から499万円	13.0%	30.2%
約500万から899万円	7.7%	41.9%
約900万円以上	5.3%	42.9%

（Kahneman et al., 2006 より）

カーネマン教授らは、いったん食、住の基本的な欲求が満たされれば、それ以上の年収は必ずしも幸せの向上には繋がらないという仮説を提唱している。さらに、カーネマンらは、年収が高ければ高いほど幸福感も高くならないのは、高収入のグループは、仕事などの必要事項に費やす時間が低収入のグループよりはるかに多く、ストレスが多いからだという説も打ち出している。また、1200万円稼ぐ人は、1000万円稼ぐ人と自分を比較するのに対し、500万円の年収の人が400万円稼いでいる人と比較していれば、1200万円稼ぐ人と500万稼ぐ人の間で、幸福感にあまり差がないということもあるだろう。

表４　人生の満足度（1－7点）

アメリカの大富豪	5.8
マサイ族	5.4
アーミッシュ	5.1
イリノイ大学の学生	4.7
カルカッタのスラム住民	4.4
ウガンダの大学生	3.2
カルカッタのホームレス	3.2
カリフォルニアのホームレス	2.8

（Biswas-Diener, 2007 より）

面白いところでは、さまざまな先行研究をまとめたビスワス・ディーナー[3]の論文がある。ビスワス・ディーナーによると、アメリカのビジネス誌『フォーブス』に載ったアメリカの大富豪たちの人生の満足度が7点満点で平均5・8であったが、物質的には恵まれない東アフリカのマサイ族の平均満足度が5・4、また物質的に質素な暮らしを送ることで知られるペンシルバニア州のアーミッシュが5・1であった。ちなみに、イリノイ大学の学部生の平均は4・7であった。

以上の結果は、経済的、物質的に世界で最も恵まれた人たちの幸福感と質素な暮らしを送る人の幸福感に際立った差がないことを示している。ここでの被験対象となったアメリカの大富豪は、今でいうビル・ゲイツやドナルド・トランプに当たる人たちで、何でも欲しいものは手に入るし、プライベートジェットでいつでもどこにでも行けるような大富豪である。一方、マサイ族はケニヤとタンザニアに住む、必要最小限の物しか所有しない半遊牧民であり、ペンシルバニア州に住むアーミッシュは、電気用品、電話など、すべての現代技術と利便性を宗教的理由で否定する人たちで、馬を使って農業を営み、昔ながらの家具などを作り、それを売って生活しているから、億万長者とは物質的豊かさという面では文字通り雲泥の差である。にもかかわらず、人生全体への満足度という面ではほとんど差がないのだから不思議だ。これも、マサイ族とアーミッシュの社会では、家族と人間関係とが安定しているからかもしれない。

マサイ族やアーミッシュの満足度が高いのに対し、カリフォルニアのホームレスは、7点満点で満足度が2・8点に過ぎなかった。この人たちは、家族からも見放され、精神病を患っている人も多いということであり、物質的に恵まれないだけでなく、人間関係という面でも、サポーティブな家族や友人がいないからであろう。ここからも、純粋に経済的な要因のみから幸福感を予測するのが困難なことが見て取れる。

社会階級と幸せ

また、チクセントミハイとハンター[4]は、アメリカの中高校生を対象とした大規模な研究を行い、労働者階級の子供たちのほうが、中上流階級の子供たちよりも幸福感が高いという「意外な」結果を発表している。この研究では、被験者にランダムな時間に信号音が出るように設定したデジタル腕時計を渡し、信号音が鳴った時の状況（何をしていたのか、誰と一緒だったか）とその時の心境を記録してもらった。そのため、他のお金と幸福感の研究と違い、被験者が日常生活をどれくらい楽しんでいるのかがよくわかる。しかしなぜ、労働者階級の子供たちのほうが、中上流階級の子供たちよりも日常生活を楽しんでいるのかは、この研究からは明らかでない。アメリカでも中上流階級ではさまざまな課外活動に忙しい子供たちが多く、自分たちの好きなことができるような遊びの時間が労働者階級の子供たちほどないからかもしれない。いずれにせよ、チクセントミハイとハンターの研究は、裕福な家庭の子供たちが経済的に恵まれない家庭の子供たちより幸せとは言えないことを示しており、経済力と幸福感との関係が必ずしもポジティブではないことを物語っている。

さらには、宝くじに当たった人を対象にした研究[5]でも、平均的収入を持つ人と7点法で1点ほどの差しかないという結果が出ている。また、ディーナー・大石[6]の研究では、1965年から1990年までの15ヵ国のGNPと人生の満足度調査の結果を分析したが、この期間に実質の収入（インフレを統計的に調整した後の収入）が数倍に伸びたアメリカ、ドイツ、日本でも、人生の満足度の国民調査の結果にはほとんど変化がなかった。イギリス、ベルギー、アイルランドにいたっては、この期間の満足度が、統計的に有意な低下傾向を示している。GNPが日本の半分以下のアルゼンチンやブラジルで日本より満足度が高いという事実も、経済の豊かさと心の豊かさとの関連性が単純でないことを物語っている。

もちろん、基本的欲求を満たすという面でのお金の重要性は、決して軽視されるべきではない。たとえば、カルカッタの貧困地域での研究では、収入と人生の満足度の相関が欧米よりもはるかに高い（0・45）という結果が報告されている[7]。また、経済状況の満足度と人生の満足度の相関も、GNPの低い国ほど高いという結果が出ている[8]。人間性心理学の提唱で知られるアブラハム・マズローが唱えるとおり、基本的欲求が満たされるまでは、基本的欲求を満たすことが人間の重要課題となり、人生の満足度や幸福感はどれくらい基本的欲求が満たされているかで規定されることになるようである。

ここで面白いのは、欧米や日本では、ほとんどの人が少なくとも食、住という基本的欲求は満たされているが、それでもなお金銭の追求を続けている。これは、無意識のレベルでは未だ基本的欲求が満たされておらず、それに対する不安感の現れなのかもしれない。あるいは、人間の欲求とは何かが満たされれば、また新たな欲求が現れるものなのかもしれない。いずれにしても、お金と幸福感の相関関係は、一般的に過大評価されているようである。

満足度はその人の欲求がどれほど満たされているかの指標であると考えられるが、それを支持するデータもいくつか発表されている[9]。一方上記のとおり、いったん基本的な欲求が満たされれば、年収は幸福感と直接的関係がないようにも見える[10]。しかしながら、ディーナーら[11]によるドイツでの大規模な調査では、年収2000万円以上の人が1000万円の人より人生の満足度が高いという結果が出ているので、500万円以上あれば（基本的欲求が満たされればあとは）、年収と幸福感は無関係であるという論が常に支持されているわけではない。またカシオポら[12]のシカゴ郊外での大規模な研究でも、年収、家や車などの資産、預金額、借金が人生の満足度とそれぞれ有意な関係を示しており、今後も、年収と幸福感との関係については、大規模な追跡研究の結果を注意深く見守る必要がある。

家のある人は幸せ?

次に、家を所有することと人生の満足度との関係について。家を所有することは多くのアメリカ人にとって独立の印であり、安定した生活への第一歩である。日本と比べ、アメリカの家の所有率は高く、2006年の時点で約68パーセントの家庭が家（マンションを含めて）を所有している。日本でも、家を買うことを人生の目標にしている人は多いが、家を所有している人は、所有していない人に比べ、実際どれくらい幸せなのであろうか?

アメリカの国民調査によると、たしかに家を保有している人のほうが、賃貸の人より幸福感は高い。しかし、その差は3点満点で、わずか0・18点である。

先述のカシオポらの調査でも、家を所有していることや家の価値は、人生の満足度と統計的には有意な相関を示したが、効果の絶対値自体は小さかった。アメリカのメリーランド州バルチモア市の低所得者を対象とした研究[13]では、きちんと対照群を設けた縦断的研究が行われているが、たしかに賃貸の時よりも家を所有してからのほうが、人生への満足度が上がったという結果が報告されている。また、対照群である家の購入申し込み中の人よりも、家を所有している人のほうが満足度は高かった。

面白いのは、家の所有でこれらの調査対象者の人生の満足度は上がったが、自尊心（セルフエスティーム）には変化がなかったことだ。アメリカ人の研究者は、家を持つということが自尊心の向上に繋がると予測していたらしいが、それは支持されなかった。これは、この研究の調査対象者が市からの援助があってはじめて家を購入することができたという事実をかみしめていたからであろう。アメリカ人の研究者には自尊心と満足度を同一視する人もいるが、この研究結果は、自尊心が自分の力で勝ち取った事柄をベースに成り立っているのに対し、人生の満足度は、それだけではなく、ほかの人の力を借りながら達成した事柄も反映していることを示しているように思える。この研究結果がどれほど一般庶民に当てはまるかは、調査対象者が低所得者に限られていただけに検討の余地があり、さらなるデータが必要とされる。

所有物と幸せ

それでは車、デザイナースーツ、最新の携帯などなど、他の所有物と幸福感の関係はどうであろうか。これらを購入する理由には、これらを買えれば嬉しい、持っていれば、着ていれば幸せになれるという希望的予測があるのではないだろうか。しかし所得が幸福感とあまり相関がないことからも推測されるとおり、これらを所有することと幸福感の相関も低いようである[14]。また、所有欲、購入欲の強い人は、全般的に満足度が低いという結果も出ており[15]、必要以上のものを求めることで幸福感を向上させることは難しいようである。

また、同じ消費でも、幸せに繋がりやすい消費、購入と、そうでない消費や購入があることが最近の研究で明らかにされた。ヴァン・ボーヴェンとギロヴィッチ[16]によると、コンサートや旅行などの体験的消費のほうが、テレビや服などの物質的消費よりも幸福感により強く影響を与えるそうだ。つまり、同じ額を費やすのであれば、体験的消費のほうが物質的消費よりも幸福感へのいい「投資」になるということである。同じ1万円でも、セーターだったら2、3回着てしまえば、その後は特別何の感情も呼び起こさないが、聞きたかったバンドのコンサートに費やした1万円なら、いつまでたってもその記憶が残っているから、たしかに幸福感へのリターンは高いと言えそうだ。

物の場合、時がたつにつれて消耗していくから、購入後常に同じような喜びを与えてくれる物は少ない。

読者も、考えるたびに嬉しくなるような購入品がいくつあるか考えて欲しい。何かありますか？　私の場合、唯一思いつくのは、すごく気に入っている家具、ジョージネルソンデザインのネルソンベンチとボーズのCD付ラジオくらいだろうか。もう買って8年くらいになるが、未だに買って本当に良かったという喜びを与えてくれている。それ以外の物はだいたい、買ってすぐのような喜びは与えてくれないのに。これは何といっても、だいたいのものはしばらくするとすぐ古びてしまうからであろう。経験の場合は、消耗していくということがない分、満足度が保持できる。旅行の思い出にいたっては、辛かったり、嫌なことですら、後から考えると「いい思い出」となったりする。

ヴァン・ボーヴェンとギロヴィッチの研究で面白いのは、経験的な購入でも、旅行やコンサートが非常に高い幸福感を与えているのに対し、エステは、物質的購入以下の幸福感しか与えないという結果である。ヴァージニア大学の女子学生に尋ねたところ、エステには一人で行くことが多く、マニキュアなどは消耗していくものだからだろうということである。たしかに、コンサートや旅行は誰かと一緒に行くことが多いので、誰かと一緒に何かを経験するということが、幸福感に繋がる鍵なのかもしれない。なぜ経験的購入のほうが物質的購入よりも「長持ち」するのかは、これから緻密に実証していく必要がある。

お金は、無いと生活に困るので当然幸福感と関連はあるが、前述のとおり、あればそれで幸せになれるのかというと、必ずしもそうでないという結果が多く出ている。また、お金も使い方次第では、幸福感への上手な投資に繋がることも最近の研究から見て取れる。以上のさまざまな研究からも、どれくらいお金を稼ぐことに精力を使うのか、またどのようにお金を使うのかも、慎重に考える必要があることを思い知らされる。

第8章　運と幸福感

幸福感の「福」に「運」という意味があることからも察せられるように、幸福感は一種運によるところも多い。どんなおしどり夫婦でも、子供が交通事故でなくなるという不幸な出来事に見舞われてしまえば、彼らの幸福感はこっぱ微塵に砕け散ってしまうだろう。また、いい友人に恵まれるかどうかも、かなり運によるところが多い。これらの例を見ると、運、そしてさまざまな出来事が幸福感に及ぼす影響は、少なくないように思える。

読者も、高校や大学受験の時のことを思い出してもらいたい。志望の学校への合格が決まった時、どれくらい幸せだったか。そして、その幸福感はどれくらいの期間続いただろうか？　また、志望の学校に入れなかった時どれくらい悲しかったか、またその悲しみがどれくらいの期間続いただろうか？　ソら[1]はこの点に興味を持ち、さまざまな出来事がどれくらい幸福感と相関しているかを、縦断的方法を使って検証した。幸福感を最初に測り、その後半年ごとにどのような出来事が起こったかを調査対象者に記録してもらい、1年後にまた、幸福感を測り直した。すると、驚いたことに、外向性と神経症傾向という性格特性が、ポジティブな出来事やネガティブな出来事の頻度を予測していた。つまり、出来事はランダムに起こるのではなく、社交的な人はポジティブな出来事をより多く、神経症傾向の人はネガティブな出来事をより多く経験するというように、各自の性格にも影響を受けるようである。

また、面白いことに、さまざまな人生の出来事の幸福感への影響は、最初の3ヵ月間に限られていた。つまり、婚約したとか、大学院に入学したなど人生の節目に当たるような出来事でも、恋人と別れたり、昇進を逃したりというかなりダメージの大きそうな出来事でも、長期的な影響力という面では非常に限られているということである。ヘディとウィアリー[2]のオーストラリアでの研究でも、出来事は短期的に幸福感に影響を与えるが、長期的な影響力は限られているという結果が発表されている。また、先述した宝くじに当たった人を対象にした研究でも、その影響力の弱さが発表されている。つまり、幸福は運に左右される部分も多いが、1つの出来事が幸福感に与える影響は、時間的には比較的短期間に限られることが示されている。

適応能力

最近起こった出来事でも、悲惨な出来事と幸福な出来事の人生全体の満足度に及ぼす影響力は等しいわけではない。嫌な出来事のほうが、良かった出来事より影響力が強いというのは、さまざまな調査で明らかにされている[3]。たとえば、われわれが行った研究でも[4]、アメリカの大学生は誰かに1回批判された場合、他の人から2回くらい褒められなければ、批判される前の気分には戻れないという結果が出ている。つまり、ネガティブな出来事はポジティブな出来事の2倍くらいの力があるようである。しかし悲惨な出来事でも、普通の人間は予想以上にうまく適応しているケースも多い。有名な社会心理学者のダン・ギルバートとティム・ウィルソンはこれを心理的免疫と呼び、われわれがこの心理的免疫を過小評価する傾向があることをさまざまな実験を通して実証している[5]。

たとえば、アメリカの大学では、助教授から准教授へ昇進することは、最も重要な里程標である。というのも、准教授へ昇進できれば、終身雇用（テニュア）のステイタスをもらえるのに対し、昇進できなければ現大学からは解雇され、他大学の再就職先を探さなければならないからである。このことからも推察できるとおり、アメリカの助教授は、テニュアが取れなかったら人生は終わりだくらいに感じている者も多い。しかし、実際にテニュアが取れなかった人たちにインタビューしてみると、「時はすべてを癒やす」ということわざどおり、テニュアを取れた人となんら幸福感に違いがないという驚くべき結果が出ている[6]。つまり、助教授はテニュアが取れるか取れないかが幸福感へ及ぼす影響を過大評価し、どれくらい素早くこの出来事に適応するのかを過小評価していることがわかる。

また、スポーツファンの多くは、重要な試合に自分のチームが負けてしまえば、数週間、あるいは数ヵ月にわたって不幸だという予測をする人が多いが、実際、試合の数日後にインタビューを行ってみると、それほど不幸でもないという結果が出ている。ヴァージニア大学の学生でもヴァージニア工科大学との重要なフットボールの試合に負けたら数週間憂うつになると予測した学生が多かったが、試合に負けた1週間後に調査してみると、試合前と同様憂うつさはほとんど見られなかった[7]。さらに、大統領選でも同様な結果が出ている[8]。ブッシュ大統領が再選されたらアメリカを離れると断言した人が多くいたが、ブッシュが実際再選されて、カナダに移住したアメリカ人がどれくらいいただろう（たしかに、カナダに移住したアメリカ人の話がニューヨークタイムズに一度掲載されていたが）。

これらの例からもわかるとおり、予測する際にはターゲットの出来事に自分の人生のすべてがかかっているような心境になるが、実際の日常生活では、ランチで何を食べるか、家に帰る前にスーパーで何を買ってくるように頼まれたかや、誰の誕生日にプレゼントを買わなければいけないか、誰にeメールを送らなければならないかなどの、平凡かつ頻繁に繰り返される出来事に心理的注意を払わざるを得ない。そして、良くも悪しくも、そのターゲットの出来事の如何を問わず、生活は以前とほぼ同じように進んでいくのである。テニュアを取れなかった助教授は新しい大学への再就職が決まれば、その新しい大学に慣れ、そこで生徒の指導と自分の研究に時間を費やし、以前と似たような日常生活を続けていくであろう。新しい大学が以前の大学ほど知名度がないとしても、別にそれを意識させられる機会は、以前の同僚に会ったり、見知らぬ人にどこの大学に勤めているのかと聞かれたりする時に限られているであろう。また、新しい大学の良い点もあるだろうし、前の大学の嫌な点もたくさんあるだろう（イソップのすっぱい葡萄の話のような、いわゆる心理的防衛）。多くの人にとって、テニュアを取れなかったことから立ち直ることは不可能ではない。

また、エイズと診断された人を対象とした研究でも、自分の人生に意義を見いだせた人は、エイズを持たない人と似たような満足度を示すという結果が報告されている[9]。NBAのかつてのスーパースター、マジック・ジョンソンも、1991年にHIV‐ポジティブを通告された。その当時、私はアメリカのべイツ大学に1年間留学中だったが、バスケットボール・ファンの私には、マジックの記者会見は今でも記憶に新しい。マジック自身は、淡々とHIVに感染していることがわかったこと、それにより直ちにNBAから引退しなければならないことを語り、ぎこちない笑顔さえ見せた。報道陣やチームメイトが涙ぐんでいる姿もテレビで見えたし、それを見ていたベイツの学生のなかにも涙を流している者がいた。その当時HIV・ポジティブはまさに死の宣告であったし、彼が「今すぐ命にかかわるようなことではなく、俺は生き続ける」と言った時も、正直、強がりとしか思えなかった。彼自身、最初に通告された際には人生は終わりだと感じたに違いない。なんと言っても、マジックはまだ32歳だったし、彼にとってバスケットボールがすべてだったのだから。しかし、その後マジックは健康管理と維持に努め、HIVも悪化の傾向がなく、NBAのコメンテーターを勤めるかたわら、映画などのビジネスに携わり、現在はレイカーズの副代表として活躍し、以前同様の笑顔を（少なくともテレビで見る限り）見せ続けている。つまり、ネガティブな出来事のウェルビーイングに及ぼす影響はポジティブな出来事より広範囲にわたるが、その影響力はほとんどのケースで一時的であり、そこから立ち直って新たな活力のある人生を歩む人も多い。

どう悲劇から立ち直るか？

これらの例からもわかるとおり、昇進を逃したり、健康を損なったりしたケースでは、それに同情してくれる人の存在があることも多く、家族や友人のありがたさを改めて感じる人も多い。それによって、悲劇から立ち直ることができる人も多いようである。しかし、子供を交通事故で亡くしたり、自殺で亡くしたりといった極端な悲劇に見舞われた人の幸福感は、それらの出来事によって長期間にわたって影響を受け続けるのではないかとも考えられる。

レーマンら[10]は、夫、妻、あるいは子供を交通事故で亡くした人をインタビュー調査したが、事故後4年から7年後でも、対照群（交通事故で子供や夫を亡くした人たちと、交通事故以外の面、つまり最終学位、年収、居住地域などでほぼ同一の人たち）より、うつ病の傾向が高く、日常生活における楽しみも少ないという結果を報告している。つまり、この場合悲劇から完全に立ち直っておらず、人生の伴侶や子供を亡くした場合「時がすべてを癒やす」とは言えないことがよくわかる。

同じ死別でも交通事故のような突然の死別ではなく、病気や老衰による、予期できた死別の場合はどうであろうか？　ミシガン州立大のリチャード・ルーカス教授がドイツでの大規模な縦断的研究を分析、発表しているが、妻や夫の死別した年の人生の満足度は死別4年前から標準偏差値で1以上落ちていた（これは、ＩＱでいうと１００から85に落ちるのに相当する）[11]。また、死別後5年たっても、死別前よりも有意に低かった。つまり、5年以上たっても、死別前のレベルまで満足度が戻った人は少なかった。

つまり、ほとんどの出来事は、幸福感へ一時的な影響しか与えないが、極端な悲劇を乗り越えるのは、柔軟な人間にも難しいようである。昇進を逃したり、健康を損なったケースと異なり、事故で妻を亡くしたり、子供を亡くしたケースでは、心理的サポート源をもその出来事で失くしてしまうのであるから、立ち直りが難しいのも頷ける。

興味深いことに、先述のレーマンらの研究でも、よくデータを見てみると、妻や夫を失った人のほうが子供を失った人より、うつ病の傾向が高かったり、日常生活に楽しみを見いだせなかったりするケースが多い。やはり、子供よりも妻や夫のほうが日常生活での心理的サポートの資源であることが多いからであろう。明星大学の岡林秀樹教授ら[12]による日本での大規模な追跡研究でも、配偶者との死別1年後の精神的健康は、社会的援助の高い群と低い群でかなりの差があることが報告されており、対人関係の心理的支援源としての重要性を物語る証拠と言えよう。つまりこれらの研究は、ウェルビーイングは対人的資源にも恵まれなければ成り立たないという第2章で述べたアリストテレスの理論を、実証的に支持する結果とも言える。

悲劇への適応の個人差――運と遺伝子

不運な出来事は誰にでも起こりうることだが、それらの不幸な出来事への適応には個人差があることもさまざまな研究で明らかにされている。たとえば、カーヴァーら[13]は、乳がん摘出手術を受けた女性が手術直後から、3ヵ月後、6ヵ月後、12ヵ月後どのように適応しているかを調べた。カーヴァーらは、現実から目をそらそうとする「否定」や「ひきこもり」といった対処法が後のうつ傾向に繋がっていたのに対し、乳がんになったという事実を素直に受け入れるという態度は、後のうつ傾向の予防に貢献したことを発見した。また、素直にがんという事実を受け入れながらも楽観的展望を持ちえた人が、うつ病にならない傾向にあった。カーヴァーらの研究は、心構えと対処法の個人差を見事に浮き彫りにしている。

また、うつ病自体の治療として、さまざまな抗うつ剤があるが、プロザックのように神経物質セロトニンのシナプスでの活動を活性化させる抗うつ剤による治療が有効であるという結果も出ている[14]。このセロトニンとうつ病との関連に着目して、カスピら[15]は、セロトニンの運搬遺伝子（5－HTT）のパターン（5－HTTの遺伝子には塩基配列の異なる「短－短」（SS）パターン、「長－短」パターン（SL）、「長－長」パターン（LL）がある）と日常生活で起きた出来事がどのようなかたちでうつ病に繋がるのかを調べた。これは、ニュージーランドで行われている大規模な双生児研究のデータをもとにした研究であるが、1，037人を3歳の時から追い、5歳、7歳、9歳、11歳、13歳、15歳、18歳、21歳、そして26歳時にさまざまな性格特性、心理的適応、出来事についてデータを取っている。このサンプルのうち白人847人のデータが分析されたが、5－HTTのパターン分類は、以下のとおりだった。約17パーセントにあたる147人がSSパターンを両親から受け取っており、51パーセントにあたる435人がSLパターンを片方の親から受け取っており、残りの31パーセント、265人はLLパターンを両親から受け取っていた。

21歳から26歳までの期間にどれくらい不幸な出来事に見舞われたかも丁寧に調べられたが、5－HTTのパターンと不幸な出来事の頻度になんら相関はなかった。メインの分析では、5－HTTのパターンと不幸な出来事の頻度とその相互作用からうつ傾向を予測したが、予想どおり、不幸な出来事が21歳から26歳までの間にたくさん起きた人のほうが、そうでない人よりうつ傾向が高かった。興味深いことに、カスピらは、セロトニン運搬遺伝子のパターンとうつ傾向との間に相互作用があることを発見した。不幸な出来事はうつ傾向を導く要因ではあるが、その傾向はセロトニン運搬遺伝子の5－HTTの短いパターンを

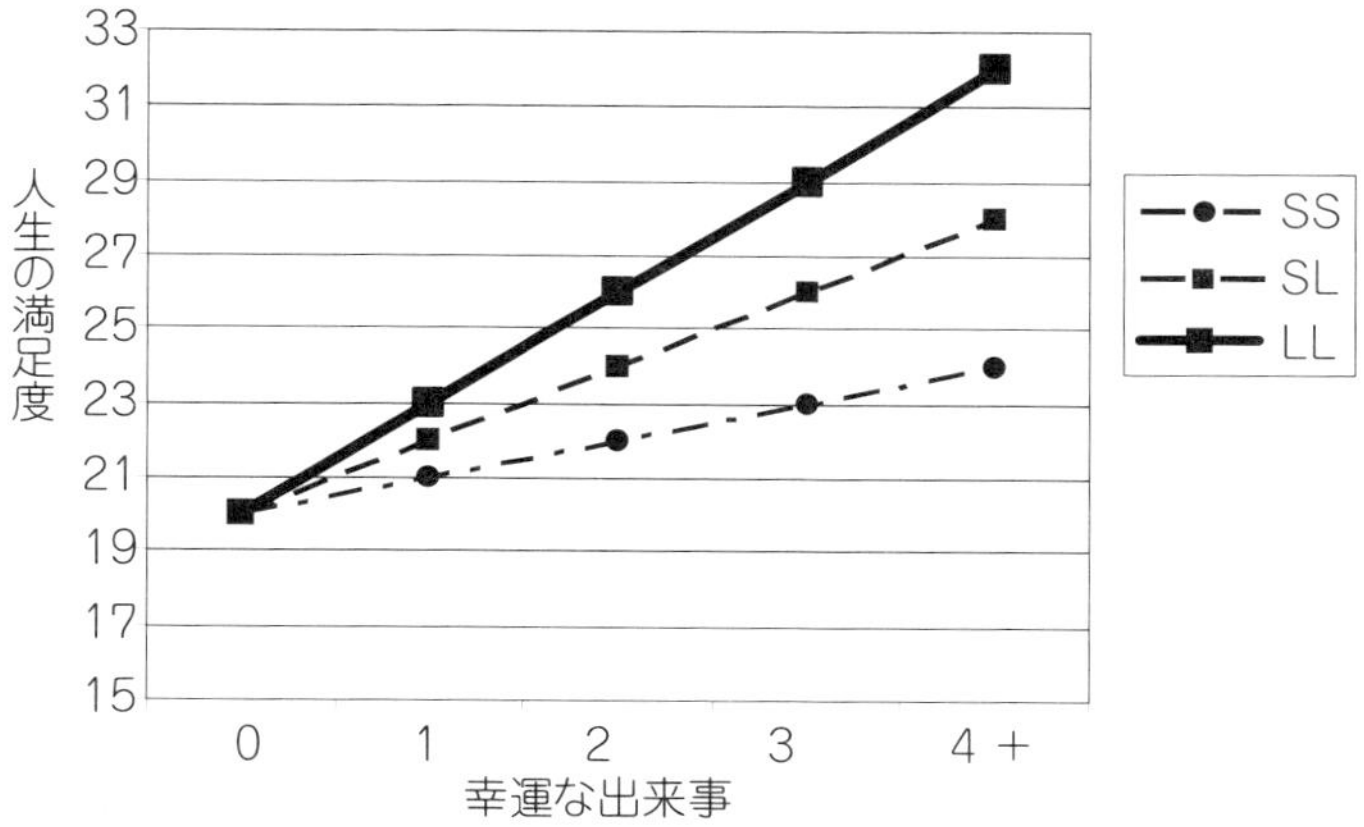

図４　セロトニン運搬遺伝子５－HTT のパターンと、幸運な出来事と人生の満足度との関係

（カスピらの結果に基づき、幸運な出来事と人生の満足度との関係をセロトニン運搬遺伝子５－HTT のパターンごとに筆者が推定したもの。カスピらの論文では、幸運な出来事も満足度も測定されていないので、このグラフは純粋に仮想。）

２つ持ち合わせている人（ＳＳ）で最も強く、「長い」パターンを２つ持ち合わせている人（ＬＬ）で最も弱かった。つまり、同じ頻度で不幸な出来事に遭遇しても、ＬＬの人はうつ病に陥る確率がＳＳの人に比べると非常に低いこととなり、不幸な出来事への「免疫」の強い遺伝子を親からもらった人（ＬＬ）と、「免疫」の弱い遺伝子をもらった人（ＳＳ）で、不幸な出来事が重なった際のうつ病の反応にかなりの差が生まれていることになる。

こう言うと、セロトニン運搬遺伝子のＳＳのパターンを持っている人はうつ病に陥る運命にあるように聞こえるかもしれないが、それは間違いで、カスピらが発見した相互作用の面白い点は、不幸な出来事に見舞われなかった群では、ＳＳであろうがＬＬであろうが差はなかったことだ。つまり、セロトニンの運搬遺伝子のＳＳパターンが遺伝してしまった人でも、不幸な出来事に見舞われる頻度が少なければ、うつ病になる確率はＬＬのパターンが遺伝した人と変わらないこととなる。

カスピらの論文は、『サイエンス』という世界でも最もステイタスの高い科学の専門誌に載せられたが、この結果からも、不幸な出来事という「運」と親から受け取ったセロトニン運搬遺伝子のパターンという「運」が微妙に絡み合いながら、うつ病という症状が生まれることが理解できる。うつ病は、一種幸福感の対極にあり、幸運な出来事の頻度と幸福度との関連もセロトニン運搬遺伝子のパターンによって違うのかもしれない。つまり、図４からも見て取れるとおり、ＬＬパターンを持っている人では、同じ数の幸運な出来事でもＳＳパターンを持っている人より幸福に感じるのかもしれない。また、うつ病の時と同様、幸運な出来事が少ない時には、幸福感にＬＬとＳＳの人でなんら違いはないのかもしれない。いずれにせよ、アリストテレスが述べたとおり、幸福感を考えるうえでさまざまな「運」（遺伝子から出来事、パートナー、友人まで）の重要性は、忘れてはならない。

第9章　結婚と幸福感

幸せとは、愛することである。

愛することとは苦しむことである。

したがって、幸せとは、苦しむことである。

しかし、苦しみは人を不幸せにする。

結局、幸せであるためには、人は愛さなければならない。

つまり、苦しいほど愛するか、または過剰な幸せから苦しまなければならないのである。

（映画監督・俳優・コメディアン　ウディ・アレン）


ウディ・アレンのように複雑な幸福観を表現できる人物は少ないが、彼が言うとおり、幸せと愛と苦しみとが密接に絡み合っていることは、先述の研究結果からも明らかだ。多くの大人にとって、妻や夫という人生のパートナーは、友人と並び対人的資源の最も重要な基盤であり、愛の対象であるので、まず夫婦関係についての先行研究をいくつか紹介する。

ヘラーら[1]は、13の先行論文をメタ分析したが、結婚生活への満足度と人生全般の満足度との相関が平均して0・42であり、測定上の誤差を考慮に入れると、想定相関[2]は0・51であることを報告している。予想どおり、結婚生活に満足している人は人生全般にも満足しているし、逆に結婚生活に満足していない人は、人生全般にも不満を持っている人が多いという結果である。同様のメタ分析で健康への満足度と人生全般への満足度との相関が0・28（想定相関が0・35）であり、仕事への満足度と人生全般の満足度との相関が0・35（想定相関が0・44）であったことと比べても、結婚生活への満足度の相関係数はかなり高い数値と言える。また、先述の年収と人生の満足度が0・20未満であるのと比べても、結婚生活の人生全般における重要性を物語っている。

何が結婚生活の満足度を予測するか?

それでは、何が結婚生活への満足度と関連しているであろうか?　多くの人が、性格の一致、共通の趣味などを挙げるであろう。実際、多くの人が性格の類似性を結婚相手の条件のひとつに挙げるようである[3]。

まず、性格は夫婦間でどれくらい似ているのだろうか。オーストラリア人夫婦3、618組のデータによると、夫婦間の神経症傾向の類似性は、相関係数で0・07に過ぎなかった[4]。またアメリカ人の夫婦

4、815組でも、相関係数は0・09に過ぎなかった[5]。他の性格特性でもほぼ同様の結果が報告されているが[6]、唯一うつ病に関しては、0・39[7]から0・49[8]という高い相関が報告されている。つまり、夫婦の性格特性は、うつ病については類似性が見られるが、それ以外の特性においてはあまり見られなかった。性格の類似性が望ましい条件として挙げられるが、実際の結婚相手は必ずしも自分と性格的に似かよった人ではないようだ（ただし、価値観や態度での類似性は高い[9]）。

しかし、性格の似たカップルのほうが性格の異なるカップルより結婚生活への満足度は高いのであろうか？ 先行研究によると、一貫性のある答えは得られていない。たとえば、アイゼンクとウェークフィールド[10]は556組の夫婦からデータを取り、この点を検証してみたが、神経症傾向と非協調性での類似性と結婚生活への満足度に相関が示された。しかしながら、いったん個々の非協調性のスコアを統計的にコントロールすると、この相関は消えてしまった。また、外向性における類似性は結婚生活への満足度となんら関係が見られなかった。これに対し、ラッセルとウェルズ[11]は、夫婦間の外向性における類似性と結婚生活への満足度との相関を見たが、神経症傾向では見られなかった。ただし、性格ではなく、価値観や態度という面では、夫婦の類似性が高ければ高いほど、結婚生活への満足度は高いという結果が出ている[12]。つまり、税金やリサイクルについての考え方は、夫婦で似ていればいるほど夫婦関係はうまくいくが、2人がどれくらいおしゃべりか心配性かという面で似ているかどうかは、夫婦の満足感と無関係なようだ。

面白いのは、実際の性格の類似性が結婚生活への満足度とはっきりした関係を示さないのに対し、推定類似性（どれくらい夫婦がパートナーと自分が似ていると認識しているか）は、一貫して結婚生活への満足度と相関を示していることである。幸せなカップルは、実際は似ていなくても、自分たちが性格的に似ていると認識しているようだ[13]。

性格の類似性と結婚生活への満足度の関係が意外に低いのに対し、趣味の一致は、結婚生活への満足度と関係が高いという結果が一貫して発表されている。シマックら[14]では、夫婦に携帯型コンピューターを与え、ランダムな瞬間に何をしていたか、またそれぞれの瞬間にどれくらい幸せと感じたかを調査した。その結果、予想どおり、夫婦で一緒に共通の趣味の活動をしている瞬間に幸せだと感じているという結果が出ている。また、このような共通の活動に費やした時間が多い夫婦が、最も結婚生活に満足している夫婦であった。ここでも、趣味の共通性と、一緒に好きなことをする時間があることが、良好な夫婦関係に重要であることが見て取れる。

愛は盲目？

相手をどう見るか、相手にどのように自分を見て欲しいかというのは恋愛を考えるうえで永遠のテーマだが（トルストイの『アンナ・カレーニナ』にしても、ジェーン・オースティンの『高慢と偏見』でも）、あなたは相手に自分のことを実際より肯定的に見て欲しいだろうか？　それとも、自分の弱さ、醜さは弱く、醜いままに見て欲しいだろうか？　さらには、相手を現実以上に肯定的に見るカップルと現実的に見るカップルでは、どちらのカップルの関係が良好だろうか？

ニューヨーク州立大学バッファロー校のサンドラ・マレイ教授の一連の研究では、既婚のカップルと交際中のカップルとを被験者とし、自己評価、パートナー評価をさせたが、平均してパートナー評価は、自己評価より高かった。相手を理想化する夫婦の結婚生活への満足度が高く、離婚の確率も低いという結果が発表されると、大いに注目を浴びることになった。この研究はＵＣＬＡ（カリフォルニア大学ロサンジェルス校）のシェリー・テイラー教授とワシントン大学のジョナサン・ブラウン教授の肯定的幻想研究を対人関係に応用したものだ。テイラーとブラウン[15]の研究によると、自己評価が肯定的であること、自分の将来のことを楽観視することと、環境を自分でコントロールできるという意識を持っていることが精神衛生にも良いという議論を唱え、その後さまざまな論争を呼んだ。

この主張には、現実を正確に理解できることが、心の健康の印であるという見方（たとえば、統合失調症の人には幻聴などの症状があり、それができない）が伝統的に強かったという背景がある。実証的にも、コルヴィンら[16]によると、自己評価が他者からの評価よりも高かった人では、臨床心理士などの専門家による性格評価、精神衛生の評価も低いという、テイラーとブラウンとはまったく反対の結果が報告されている。ブリティッシュコロンビア大学のデル・ポーラス教授[17]の研究でも、自己評価が他者評価より高い人は、第一印象は良いものの、長期的には嫌われることが多いという結果を発表している。さらには、テキサス大学のビル・スワン教授は、人は、自分を正確に認識してくれる相手を好むという自己確証理論を提唱し、それを支持する結果を１９８０年代初めから次々と発表している。たとえば、自己評価の低い人では、妻や夫から否定的に見られている人のほうが、パートナーから肯定的に見られている人より、結婚へのコミットメントが強かった[18]。つまり、スワン教授の研究では、たとえば暗い人は自分を明るいと見る相手より自分を暗いと見る相手を好むということであり[19]、肯定的幻想論の、自分をより肯定的に見てくれる相手を望むという論とは正反対である。

先述の1996年に発表されたマレイの論文は、2003年に『サイコロジカル・インクワイアリー』という雑誌で、マーカスと北山[20]の1991年の『サイコロジカル・レビュー』の論文などと共に、「現代のクラシック」研究に選ばれたことにも示されているように、インパクトが強かった。同様の結果が何度も発表されているので、少なくとも北米では、対人関係における肯定的幻想の効用が示されていると言えよう[21]。

夫婦の満足感

ヴァージニア大学の私の同僚のジェイムズ・コアン教授は、fMRI[22]や脳波を用いて感情の脳研究を行っているが、夫婦の満足感について最近面白い実験を行っているのでここで紹介する[23]。ちなみに、fMRIは、血中の酸素レベルを測定して、脳のどの部分が活発に働いているかを見ることができる装置である。この実験では、妻にfMRIスキャナーの中に入ってもらい、軽い電流ショックを数回与え、この間の脳の反応を記録した。妻のうちの3分の1は、夫の手を握りながら電流ショックを受けた。あとの3分の1は、研究チームの男子学生の手を握りながら受けた。最後の3分の1は、誰の手も握らずショックを受けた。ショックを受け、痛みや恐怖を感じた時、前帯状皮質[24]（ACC）、後帯状皮質[25]、上丘[26]などでの活動が活発になる。しかし面白いことに、誰の手も握らなかった時と見知らぬ男子学生の手を握った時には、ACCや後帯状皮質での活動が盛んであったが（これは、恐怖を感じていたことを示す）、夫の手を握っていた時は、これらの部位での活動があまり盛んではなかった。つまり、夫の手を握ることで、痛みや恐怖への脳の反応が和らいだわけだ。この研究では同時に、痛みや恐怖感の自己報告も行われているが、結果は脳の反応と一致するものだった。つまり、夫の手を握っていれば、主観的にも電流ショックを受けてもあまり怖くなかったし、痛みも少なかったわけだ。さらに面白いのは、この痛みや恐怖感を緩和する夫の握手効果は、結婚への満足度が高ければ高いほど強かった。ここからも、円満な夫婦関係がさまざまな恐怖や苦しみを軽減する働きをしていることがわかる。

また、シンガーら[27]も、コアンらと同様に、fMRIと電流ショックを使って被験者の脳の活動を調べた。この実験では、妻が電流ショックを直接受ける条件と、その夫が電流ショックを受ける条件での妻の脳の反応を記録し、夫がショックを受ける際にも自分がショックを受けるのと同じような反応が起きるかという、共感についての脳研究を試みた。予想どおり、妻は夫がショックを受けている際に自分が受けているのと概ね同じような脳の反応を示した。具体的には、自分がショックを受けた時も夫がショックを受けた時も、ショックを受けなかった時と比べて、前帯状皮質（ACC）、島前部[28]（AI）などの活動が活発になった（先述のとおり、これらは痛みを感じる際に活発になる脳の部位である）。

自分がショックを受けた際とパートナーがショックを受けた際の差異も少々あった。自分がショックを受けた際には運動野も活発になったが、パートナーがショックを受けた際には、運動野は活発にならなかった。逆に、パートナーがショックを受けた際は、視野部が活発になったが（これは、おそらくパートナーがショックを受けるシーンをイメージしているため）、自分がショックを受けた際には視野部は活発にならなかった。面白いことに、パートナーがショックを受けた際のACCやAIでの活動量は、被験者の共感性とも相関していた。つまり、共感的な被験者では、パートナーがショックを受けた際のACCやAIでの活動が特に高まった（脳の痛み反応が強く出た）が、共感的ではない被験者ではACCやAIでの活動が弱かったということだ。

夫婦のコミュニケーション

夫婦のコミュニケーション研究という点では、ワシントン大学のジョン・ゴットマン教授が第一人者であるが、彼の一連の研究では、ビデオテープで夫婦のコミュニケーションを記録し、その言語と非言語（ジェスチャー、表情など）によるコミュニケーションのパターンを丁寧に分析し、夫婦の結婚生活への満足度やその後の離婚率などとの相関を検証している[29]。夫婦のコミュニケーションを観察してみると、夫婦関係の良好なカップルでは、褒め言葉が批判的な言葉のなんと5倍ほど交わされたそうである。この割合よりも批判的な言行（ジェスチャーも含めて）が多いと、全般的な関係には不満が強かったらしい。また、15分間ほどのインタビューでの肯定的なコミュニケーションと否定的コミュニケーションの比率から、将来の離婚率が90パーセント以上の確率でわかるというからすごい。この結果も、マレイ教授の対人関係における「肯定的幻想」同様、パートナーに対する肯定的な態度とやさしさが夫婦関係に大きく貢献することを物語っている。

近年、ゴットマン教授は研究用にアパートを設け、被験者の夫婦に1週間ほどそこで生活してもらい、そこでのコミュニケーションを分析している。ニューヨークタイムズの記者が、ゴットマン教授の研究室に妻と訪れ、この実験用アパートで2日過ごし、「診察」してもらった経験を書いた記事が同紙に載ったが、この記者もこの5対1という比率はあまりに高く、アメリカ西海岸の陽気な文化ではそれくらいの褒め言葉が必要かもしれないが、東部のカップルでは、5倍もの褒め言葉は要らないのではないかという感想を述べていた。私自身も、日本でだったら2対1くらいの比率でも十分ではないかという印象を受ける。しかし、現時点では日本でのしっかりとしたデータはないので、5対1くらいを心がけることを日本の読者にもお勧めしておこう。（私自身、ゴットマン教授の研究結果を知っていながら、褒め言葉と批判が1対1程度であるので、意識して褒め言葉の率を上げなければと反省している。ちなみにゴットマン教授によると、子供に対しては3対1で褒めるべきなのだそうだ。）

満足度の衰退

最近の追跡研究によると、夫婦関係の満足度は、結婚時がピークで、結婚1年後には、結婚1年前と同レベルまで低下するという悲観的な結果も発表されている[30]。これは、もちろん結婚生活が思っていたようなものではなかったという夫婦がかなり出てくるからでもあろうし、結婚生活への適応（つまり、パートナーの存在が当たり前になってしまうこと）もあるだろうが、子供の存在も大きい。というのも、結婚1年後くらいから子供を持つ夫婦がかなり出てくるが、子供の誕生は夫婦で共通の趣味に費やす時間をかなり制約する要因になりがちだからだ。私自身、子供ができるまでは毎週のように妻と映画を観に出かけ、新しいレストランなどを調べて外食をすることも多かったが、第一子ができてからというもの、過去6年間一度も一緒に映画を観に行っていない。つまり、子供の誕生自体は、夫婦に新たな幸せを与えてくれる出来事であるが、同時に共通の趣味に費やす時間という、夫婦にとっては重要な時間を潰してしまう出来事でもある。

実際、この点についての多くの研究を吟味した最近のメタ分析〔31〕によると、小さな子供を持つ夫婦の満足度が、同年齢で子供のいない夫婦に比べて低いことや、子供の数が多ければ多いほど、夫婦間の満足度が低いという結果が報告されている。また、この子供の数と夫婦関係とのネガティブな相関は、高収入で地位の高い夫婦や、世代間の比較で見ると最近の世代で顕著である。これも、高収入の夫婦では、子供が生まれる前に一緒に旅行に行ったり、スキーをしたりと、趣味に費やす時間が多かったからであろう。

第10章　友人関係と幸福感

孔子は、「朋あり、遠方より来たる、亦た楽しからずや（誰か友達が遠いところからもたずねてくる、いかにもたのしいことだね）」と言い、アリストテレスも「友情は美徳の一種あるいはその人が美徳を持ち合わせていることを意味する」と言い、本当の友達の存在が充実した人生を送るには必要不可欠だと言った。

アリストテレスは、友人関係を「使える」友人、「楽しい」友人、「尊敬できる」友人の3種類に分けた[1]。まず、ある人物が「使える」かどうかは、その時々自分に必要なものが何かにより変化し、一時期「使え」ても必要なものが変われば使えなくなるため、このような友人関係は長続きしない。たとえば、フランス語の授業を取っている時には、フランス留学経験者が「使える」友人なわけだが、いったんフランス語の授業がなくなると、使えなくなってしまう。また、一緒にいて楽しい友達も、子供の時はそれでいいわけだが、年をとるにつれ何が楽しいかも変わってくるので、一時期「楽しく」ても、その関係が長続きするとは限らない。結局、お互いの人格を理解したうえで互いに「尊敬できる」友人だけが長期的な友人となりうると説いた。しかし、このような友人を見つけるには長い時間一緒に過ごさなければならず、したがって互いに「尊敬できる」友人は稀であり、だからこそ貴重なのだと説いた。もちろん、アリストテレスの友人観は、あまりにも理想主義的すぎるという批判もできるだろう。第9章で触れたシマックら[2]の研究でも、一緒に何か楽しいことをしている時間が多い夫婦のほうが夫婦関係がうまくいっていることからもわかるとおり、一緒にいて楽しいというだけでも貴重な友人だという気が個人的にはする。

いずれにせよ、アリストテレスの友人観は、さまざまな種類の「友人」を区別するのに便利だが、残念ながらこの分類に基づいた友人観と幸福感の研究は、私の知る限りでは存在しない。しかしながら、友人関係の親密さと幸福感との研究は盛んに行われてきた。たとえば、ディーナーとセリグマン[3]は、誰が「非常に幸せ」なのかを検証しているが（ちなみに非常に幸せな人というのは、先述のSWLSで30点あるいはそれ以上の人を指す）、非常に幸せな人とは、親密な友人や恋人がおり、「まあまあ幸せ」という人より、友人、恋人、家族と過ごす時間が多いことが示された。親密な友人関係というのも、自己評価でのそれにとどまらず、友人も実際にその関係が親密であるという報告をしていることから、お互いに親密だと認識していることも見逃せない。

ラーソンら[4]は、退職者の被験者にアラーム付腕時計を渡し、信号音が鳴ったランダムな瞬間の気分、何をしていたか、誰と一緒だったかを記録してもらう研究を行った。この方法を使うことで、隠居生活を送っている人々がどのような状況で幸せを感じているのかが、記憶に頼らず測定できたわけだ。ラーソンらは、これらの退職者が妻、夫や子供と一緒にいる時よりも、友人と一緒にいる時に最も幸福を感じているという結果を得た。ここでも、友情の重要性がよく見て取れる。ラーソンらはさらに、なぜ友人との時間のほうが家族と過ごす時間より幸福なのかという疑問について、時間の過ごし方の違いに起因すると論じた。家族と過ごす時間は、家事に費やす時間も多く、またテレビを見たり、のんびりと過ごす時間が多いのに対し、友人と過ごす時間は、アクティブな活動（コンサートに行ったり、ピクニックに行ったり）をすることが実際多いという結果を得ている。つまり、家族と一緒に過ごす時間は、友人と過ごす時間ほど楽しくないのだが、これは時間の過ごし方の違いにより生じた差であることが示された。この研究結果からも、日常生活での幸福感を増やそうとするのであれば、家族と過ごす時間よりも友人と過ごす時間を増やすように努めたらどうだろうか（もちろん、それが許されればという話だが）。

幸せの進化論

孔子やアリストテレスに限らず、古今東西、幸せについて語った論者たちは必ずと言っていいほど、友人の存在の重要性を説いてきた。テキサス大学のデイヴィッド・バス教授も、進化論の立場から、面白い幸福論を述べているのでここで紹介する。

彼の幸福論によると[5]、進化の過程で現代人が幸福な人生を送るためのさまざまな障害が生じたという。そのひとつとして、われわれの先祖がまだアフリカ大陸で過ごしていた頃には、小さい集団で暮らしていたので、個人が集団のために役に立つ場面が多々あり、自分の存在意義を見いだすことが簡単にできた。ところが現代社会では、そのような小さい集団で住んでいるわけではないので、自分の存在意義を見いだすことはたやすくない。小さい集落に住んでいればAがいないとダメだという場面が多々出てくるわけだが、流動的かつ巨大な集団生活を送る現代社会では、AがいなければBに頼もうというように、同じような能力を持つほかの誰かでことが済んでしまう。

またバスによれば、小さい集落であれば自分が一番上手にできることが何かあるわけであるが、大きい集団になると自分が何かで一番上手だという可能性が低く、自信も育ちにくくなり、このことも現代社会で幸福を感じるのが原始社会より難しくなった理由のひとつだという。また、メディアからさまざまなイメージが流され、集団外にも優れた人物がたくさんいることを知らされることも、自信を持つことが難しくなってきた一因だという。さらには、結婚相手も現代では多種多様な可能性があり、誰か一人に人生を捧げることが難しくなり、嫉妬などに悩まされることも多い。原始的社会ではチョイスが少なかった分、他にもっといい人がいたのではないかという思いは起こりにくく、後悔や嫉妬も少ないという。

しかしながら、バスによると、現代社会の一番の問題点は、本当の友人を見つけにくくなったことである。数千年前には、集落間の紛争も多く、若者たちはいくつもの戦争を共にした。つまり、そのような環境では一生の間に生死にかかわるようなさまざまな体験を共にすることから、深い友情関係が自然と生まれてきたわけだ。ところが、比較的平和な現代では、そのような生死を共にするような経験を持つ機会は皆無と言ってよい。また、それぞれが各々の教育、出世のためにいろいろな場所に移り住むので、安定した友人関係を長期間にわたって保つことが非常に難しくなっている。このため、本当に満足できる人生を送れる機会が薄れてきているという理論である。バスは、できるだけ数千年前のような生活、特に対人関係を築くことを推奨している。第7章で述べたマサイ族やアーミッシュではそのような対人関係が概ね築かれているのであろうが、現代的な社会の住民にとっては、住居の流動性が高まるにつれて、実際に大昔の形式を取り戻すのは非常に難しいだろう。

バス[6]は深い友情を理想化しているが、深い友人関係にはまた深い憎しみや葛藤が生まれることも忘れてはならない。武者小路実篤の『友情』を取り上げるまでもなく、深い友情は義理と人情の板ばさみになることもままあり、そのような人間関係を避ける人が現代人に多いのもまた事実である。実際、トロント大学の経済学者リチャード・フロリダは、バスとはまったく正反対のライフスタイルを推奨している。フロリダは、バス同様現代社会の流動性を認識しているが、そのうえで、多くのエリート層が流動的なライフスタイル、つまり広く浅くという友人関係を自ら求めていると言う。そして、広く浅い友人関係を保てるような都市に好んで移り住むという。フロリダは、流動的な広く浅くという人間関係を求める層を創造的階層と呼んでいる。創造的階層の人たちは、同じ数人の友人と一生を過ごすというような狭い人間関係は息苦しく、自己の成長に支障をきたすものだという認識が強い。それでは、実際フロリダが唱えるとおり、エリート大学生の間では、広く浅くという友人関係を持っている者のほうが、狭く深い友人関係を持っている者よりも人生の満足度は高いのであろうか?

実際にデータを取ってみると、どちらとも言えないという結果が出ている。ロス[7]は、一番仲の良い5人の友達を調査対象者に挙げてもらい、それぞれの友人と勉強、映画、食事、コンパ、スポーツを一緒にするかを答えてもらった。広く浅くという友人関係を持つ者は、勉強はAとするが、映画にはBと、コンパはCと一緒に行くというように、友人を場面ごとに分けている。深く狭くという友人関係を持っている者では、逆に何でもAと一緒にする。ロスは、どれくらい場面ごとに友人を振り分けているかという

「広く浅い友人関係」指標を作り、その指標と人生の満足度との関係も調べているが、見事に何の関係も見られなかった[8]。つまり、どのような友人関係が人生の満足度に繋がるのかも、おそらく個人の価値観、性格によって異なるのであろう。

「浅く広い」関係の強み

直接人生の満足度とは関連しないが、有名な社会学者マーク・グラノヴェッター[9]は、就職活動をする際に、いかに広く浅くという人間関係を持っている者が得をするかを示した。具体的には、どうやって今の職を得たかという質問をしたところ、56パーセントの人が知人を通して仕事を得たということであった。その知人とどれくらい頻繁に会うかという質問をしたところ、55・6パーセントが「たまに会う」、27・8パーセントが「めったに会わない」という回答をしたことからも、この知人は本当に顔見知り程度の関係だったということがわかる。

グラノヴェッターによれば、仲のいい友人や家族の知っている仕事は大概自分ももう知っている仕事であり、違う「世界」の人間関係を持っている顔見知り程度の人こそが、どこかの会社が人を探しているという情報を提供してくれるからだそうだ。また面白いことに、知人を通して仕事を見つけた人のほうが新聞広告などを通して仕事を見つけた人たちより、年収の高い職を見つけており、さらに就いた仕事への満足度も高いという結果が出ている。このことからも、現代社会で行きぬくためには「顔が広い」ということが得であり、生存に有利になっているのかもしれない。

アメリカでは「マイスペース」や「フェイスブック」というネット上の交流サイトが人気だが、500人以上の「友達」がいるという人も多い。これからも、流動的な現代社会での「友人」「友達」の敷居が低くなり、今では「知り合い」と「友達」とが区別されなくなってきているのかもしれない。

友人関係の性差、文化差、個人差

以上、友人や知人の重要性を示したが、友人や知人が誰にとっても重要であるというわけでもない。実際、友人の存在は女性にとってのほうが、男性にとってより重要であるという結果も多々報告されている。たとえば、アントヌッチ[10]の60歳以上を対象とした研究では、女性の人生の満足度がどれくらい悩みを相談できるような友人がいるかと相関を示したのに対し、男性では悩みを相談できる友人の数は、人生の満足度と無関係という結果が出ている。ここでは、悩みを相談できるような友人の有無が焦点であり、ここでの性差は、友人関係の性差に起因するのかもしれない。つまり、ラーソンらの研究からわかるとおり、男性にとっても友人と過ごす時間が最も楽しい幸せな時間だと言えるが、男性にとっては、その友人が必ずしも悩みを相談できるような友人ではないのかもしれない（アリストテレスの言う「楽しい」友達）。また、悩みを相談できるような友人がいると自己報告する男性は、かなり深刻な健康上の問題や金銭面での問題を持っており、悩みを相談できる友達がいるからといって、人生に満足しているわけではないのだろう。さらには、アントヌッチらの友人関係と人生の満足度との性差は、どれくらい友人関係が重要なのかにおける性差からきているのかもしれない。実際クロスら[11]によると、女性の多くがさまざまな対人関係を自己概念の中核に置くのに対し、男性では対人関係を自己概念の中心に据える人は少なかった。

男女の性差だけではなく、どれくらい対人関係を重視するかという個人差も、対人関係と人生の満足度との関係を考えるうえで重要になる。たとえば、大石ら[12]の研究では、どれくらい対人関係が重要かをあらかじめ測定し、その後3週間にわたり、毎日どれくらいその日の生活に満足しているか、またさまざまな領域（学業、健康、対人関係、自己、天気）に満足しているかを測定した。予想どおり、対人関係が重要な被験者は、対人関係がうまくいった日に高い満足感を示したし、逆に対人関係がうまくいかなかった日に低い満足度を示した。ところが、対人関係をそれほど重要視しない人では、対人関係がうまくいったかいかなかったかは、その日の全体的満足度と無関係であった。

さらに、先述のとおり北山ら[13]は、日本とアメリカの大学生を対象とした比較文化研究を行ったが、日本人の満足度が「ふれあい」「親しみ」という対人的感情をどれくらい抱いたかと強い相関を示したのに対し、アメリカ人では、対人的感情はそれほど強い相関を示さなかった。アメリカ人ではむしろ「誇り」などという自尊心に関連した感情が満足度を予測した。つまり、孔子やアリストテレスが述べるとおり、友人の効用は普遍的に認識されているが、友人と幸福感との関連には、個人差、性差、また文化差もあることも忘れてはならない。

第11章 性格と幸福感

「幸せになろうとする行為は、背を伸ばそうとする行為と同じく不毛であり、したがって非生産的であるように思われる」(リッケンとテレガン[1])

幸せは遺伝?

これまでに、運や対人関係と幸福感の関係について述べてきたが、個人の性格は幸福感とどのような関係があるのだろうか? これは、幸福感の研究においてこれまで最も盛んに研究されてきたトピックであり、誤解されることが多いトピックでもあるので、他の章よりページを割いて丁寧にまとめていきたいと思う[2]。

まずは、最も論争されている幸福感と遺伝の問題についてだが、ミネソタ大学の有名な心理学者であるデイヴィッド・リッケン教授とアウカ・テレガン教授は、上記の引用のとおり、幸せとは約80パーセントが遺伝で決まることであるから、背丈同様、幸せになろうというのは所詮無理な行為だという衝撃的理論を『サイコロジカル・サイエンス』という一流学会誌に出し、アメリカでも物議をかもした[3]。私事で恐縮だが、イリノイ大学で博士号を取ってすぐの私の就職先はミネソタ大学の心理学部であり、2000年から2004年までミネソタ大学で助教授をしていた。たまたま、テレガン教授がいた学部の人格心理学入門コースと大学院の人格心理学上級コースの担当になったので、テレガン教授とも交流があったし、毎週月曜日の遺伝行動学のジャーナルクラブ（文献紹介のクラス）には、退職していたにもかかわらず、リッケン教授もテレガン教授と共に毎週出席していたので、論文を読む以外にも、彼らの考え方に触れる機会があったことはラッキーだった。とにかく2人ともいつもニコニコしていて、とてもバリバリの遺伝主義者には見えなかったし、実際彼らは、徹底した実証主義者であった（つまり、環境の影響力がきちんとした研究で示されさえすれば、もちろん環境の影響力を受け入れる）。

本題に戻って、この80パーセントという数値であるが、これは一卵性双生児と二卵性双生児の幸福感を測定したところ、647組の一卵性双生児では相関係数が0・44であったのに対し、733組の二卵性双生児では0・12であったところに起因する。つまり、一卵性双生児では、双生児Aの幸福感から、相棒の双生児Bの幸福感が予測可能であったが、二卵性双生児では、一方の双生児Aから、もう片方の双生児Bの幸福感を予測することはできなかった。そして、二卵性双生児が遺伝子の50パーセントを共有するのに対し、一卵性双生児では100パーセントを共有するのであるから、相関係数の差が、遺伝子の幸福感における影響の50パーセントを反映していることになる。0・44マイナス0・12が0・32であるので、それを2倍にした0・64という数値が遺伝係数になる。つまり64パーセントの個人差は、遺伝によって決まるということを意味する。しかし、幸福感の測定には必ず測定誤差があり、幸福感の尺度の信頼性は約0・80であった。つまり、20パーセントの測定誤差が想定されるので、0・64を0・80で割った数値、つまり0・80が想定される測定誤差を取り除いた後の、遺伝係数となるのである。リッケンとテレガンはこのようにして、幸福感の遺伝係数0・80という数値を打ち出したのである。

たしか、身長の遺伝係数も0・80くらいであるが、身長と幸福感の違いは、身長がある年齢以降ほとんど変化がないのに対し、幸福感は身長よりはるかに変化が多いという事実である。もし、この0・80という遺伝係数が真実であったとしても、この数値が反映するのは個人間の差であり、「ほぼ80パーセント不変」を意味しているわけではない。たとえば、5人の仲良しグループ、幸子、陽子、真理、亜紀、美佐がいたとする。

表5　5年後の幸福度（架空のデータ）

	2000年	2005年
幸子	9	9
陽子	8	7
真理	6	8
亜紀	4	7
美佐	2	5
平均値	5.80	7.20

そして、2000年に大学を卒業した時点での幸福感の測定結果によると、表5にあるとおり、10点満点で幸子が9点、陽子が8点、真理が6点、亜紀が4点で、美佐が2点だったと仮定する。5年後にもう一度同じ5人の幸福感を測定したところ、幸子が9点、陽子が7点、真理が8点、亜紀が7点、美佐が5点という結果が出たとする。これらの数値を見る限り、幸福感が背丈と同様に変動のないものであると言う人はいないであろう。何しろ、5人中4人の幸福感には変化が見られるし、亜紀と美佐にいたっては、幸福感のスコアが10点満点で3

点も上がっているのであるから。

ところが、このデータをもとに相関係数を算出してみると、0・84という非常に高い数値が出てくる。というのも、相関係数は、この場合5人のランキングの安定性を示すものであるからである。つまり、ランキングにはある程度の安定性が見られるのである。しかしながら、実際の幸福度にはかなりの変動が可能であり、この例に見られるとおり、暗い考え方をしがちな美佐が、すべてを前向きに考える幸子より幸せになるという可能性は低いが、だからといって美佐が常に不幸せでいるのかと言うとそうではなく、彼女自身の幸福感は、以前より上がる可能性も大いにありうるのである。

リッケン教授とテレガン教授の例に戻ると、幸福感の個人差に安定性が見られるのはたしかだが、遺伝係数をもとに、幸せになろうという行為が背を伸ばそうとする行為と同じだとするのは、誤りである。双生児の研究からの知見で言えることは、幸福感スコアへの上限には個人差があるということであり、遺伝的制約こそあるが、幸福感を伸ばすことが不可能だということではない。この点については、第12章でまた詳しく説明する。

性格と幸福感

それでは、どんな性格特性が幸福感の個人差と関係が深いのであろうか？　最近では、社交性、神経症傾向、同調性、善良さとオープンさが5大性格特性と呼ばれ、さまざまな性格特性はこの5つの因子（フアクター）に大きく分類できるという結果が出ている[4]。明るく、活発で、人懐っこいといった性格特性はすべて社交性・外向性の下位概念と考えられるし、うつ傾向、心配性、怒りっぽいなどは神経症傾向の下位概念であると考えられる。また、やさしく、親切で、共感的な特性は同調性の下位概念であり、まじめで、几帳面で、曲がったことが嫌いといった特性は善良さの下位概念であり、知的で、想像力があり、新しい体験を求めるといった特性は、オープンさというふうに理解できる。アイゼンクのように三大特性論を主張する研究者もいるし[5]、テレガンのように7大特性論を主張する者もおり[6]、5大特性論者のなかでも、細かい構成因子についてはさまざまなモデルが提唱されているが、この5大特性理論が人格心理学会で現在最も有力であることは確かである。したがって、幸福感と性格の相関も、まずこれらの特性に注目する。

デネーヴとクーパー[7]の行ったメタ分析によると、幸福感は社交的な人において高く（0・27）、神経症傾向の強い人において低い（マイナス0・25）という結果が出ている。また、同調性（0・19）と善良さ（0・16）も、幸福感とそれぞれ正の相関を示している。しかしながら、オープンさは、幸福感とはほとんど相関がなかった（0・06）。このメタ分析の社交性と神経症傾向の結果は、私の個人的な経験から言わせてもらえば、意外なほど低い数値である。たとえば、シマックら[8]の研究では、人生の満足度と社交性との相関係数は、測定誤差を訂正せずに0・42であるし、神経症傾向に至ってはマイナス0・49であった。シマックら[9]の研究では、別のサンプルでも人生の満足度と社交性の相関係数は再び0・42であり、神経症傾向はマイナス0・48であった。このデータでは調査対象者の人生の満足度（自己報告）のスコアと友人や家族の見た調査対象者の社交性スコアとの相関ですら、測定誤差を訂正しなくても0・

31であるし、同様の人生の満足度と神経症傾向はマイナス0・29であった。シマックら[10]の研究では、社交性と神経症傾向の下位概念と人生の満足度との相関も3回検証したが、測定誤差を訂正しない時のうつ傾向はマイナス0・52、マイナス0・57、マイナス0・52という高い数値を示したし、社交性の下位概念である明るさも、0・40、0・51、0・41という高い数値を示した。シマックらのデータで測定誤差を考慮に入れた推定相関係数を算出すれば、社交性と人生の満足度が0・60、神経症傾向と人生の満足度との相関がマイナス0・65を超えることは間違いないであろう。最近のメタ分析[11]では、社交性と人生の満足度との推定相関は0・34であり、神経症傾向と人生の満足度ではマイナス0・56という高い数値が算出されている。デネーヴとクーパーの相関が他の論文より低いのは、彼らの分析ではさまざまな種類の社交性と神経症傾向の尺度が使われているからかもしれない。

いずれにせよ、社交性と神経症傾向とが幸福感と最も強い関係を見せたのは、社交性と肯定的感情、神経症傾向と否定的感情との相関が高いことからも十分予想される。社交性の高い人は、「喜び」や「ドキドキ」といった肯定的感情を覚える人が多く[12]、したがって人生への満足度も全般的に高いことが予想される。逆に神経症傾向が強い人は、うつ傾向も強く、否定的な感情を経験することが多く、人生全般にも不満を持っている人が多いようだ。

それでは、5大性格特性以外では、どのような特性が幸福感と高い相関を示すのであろうか。先述のとおり、個人主義の強い国では自尊心は常に幸福感と高い相関を示している。たとえば、頻繁に引用されているルーカスら[13]では、3回の研究でそれぞれ0・59、0・65、0・54という相関が見られた。自尊心と並び、楽観主義は、アメリカでは幸福感と高い相関を示している。ルーカスらでは3回の研究で楽観主義と幸福感との相関係数は、それぞれ0・60、0・59、0・57であった。言うまでもなく、自分を価値のある人間だと思っている人、そして自分の将来に明るい期待を持って生きている人たちは、自分の人生全般にも満足していることが多い。

目標達成と幸せ

これらの性格特性以外にも、さまざまな個人差の変数が幸福感と関連することが報告されている。たとえば、自分の目標をどれくらい達成したかである。ブランスタイン[14]は、数回にわたり目標をどれくらい達成したかと幸福感を測定したが、時点2での幸福感は時点1から時点2までの目標達成度と0・54の相関を示した。また、幸福感の高い人は、いろいろな目標に一貫性があり、1つの目標を達成することが別の目標の達成を促すが、幸福感の低い人では、目標間に葛藤が見られるという傾向があることもロバート・エモンズらによって報告されている[15]。たとえば、「いいクリスチャンでいること」と「できるだけたくさんの女性と寝ること」は相容れない類の目標であるし（ちなみに、これは実際エモンズの調査対象者の一人が自由記述した目標である）、「いい父親でいる」という目標と「精一杯仕事をする」という目標もある程度の葛藤を作り出す類のものである。これが人生の難しいところであり、葛藤のない人生など誰一人として送れるはずはないのだけれども、やはり普通の人と比べて、これらの葛藤の少ない人のほうが幸せになりやすいのは容易に想像できる。

さらには、日常生活での目標と人生での最終目標との一貫性も、人生の満足度の重要な規定要因であった[16]。もちろん、不幸せな人が相容れない目標を追求しやすいという可能性もあるし、不幸せな人が同じ2つの目標でもより相容れないというふうに感じるのかもしれない。また、不幸せな人が失敗を起こさないようにといった目標を掲げやすいのに対し、幸せな人は何かを達成しようとする傾向があると言われている[17]。これもひとつには神経症傾向の強い人が、失敗を避けるような目標を持ちやすい点に起因している。つまり、どんな目標を持つかも一種性格特性の反映だと見て取れる。しかし、神経症的な人に心配するなと言ってもそれは無理なアドバイスであるのに対し、目標の設定は、それに比べれば変化の余地のある領域であるように思われる。つまり、目標と幸福感の研究からは、「二兎を追うものは一兎をも得ず」というアドバイスができる。

また、個人の価値観を反映する領域での満足度が人生全般の満足度との相関が高いという結果[18]や、個人の無意識レベルでのモチベーション（たとえば、権力、所属感）と一致した目標を追求している人の幸福感が長期的には向上しやすいという結果[19]からも、自分の価値観やモチベーションを知り、それらに沿った目標を設定し、その目標に向かって努力するという姿勢が幸福感の達成には重要であることが示されている。アメリカの研究では、目標の達成でもそれを自分のために追求している人では幸福感の向上に貢献したが、目標自体を誰かのために追求している人では幸福感の向上に繋がらないといった研究結果が出ており[20]、どのように目標を追求していくのかが重要であることが示されている。もちろん上記のとおり、大石とディーナー[21]の研究では日本人の大学生では誰かのために目標を追求し、それを達成することが幸福感の向上に繋がっていたので、これが普遍の真理であるとは言い難いが、少なくともアメリカ社会での目標と幸福感との関係を理解するうえでは、重要な研究結果であると言えよう。

目標の達成はある種、日本やアメリカのような「働きすぎ」国家での幸福感のあり方でもある。アメリカの大学生に現在追求している目標は何かを自由記述させると、多くの者がすらすらと15から20くらいの目標を挙げる。もちろん読んでみると、内容は些細なものが多いが（たとえば、食べ過ぎないとか、図書館へ行くとか、朝寝坊しない）、アルゼンチン人の学生に同様な質問をしたところほとんどの人が5つも書けなかったし、目標なんてあまり意識しないという反応が多かった。また、これから1ヵ月に達成しようとしている目標を記述する課題は、多くのアルゼンチン人学生には苦痛のようだった。やはり、今を生きるという姿勢が強いからだろうか。しかし、アルゼンチンの学生をよく見ているとちゃんと勉強しているし、目標も持っているように見えるので、これもどれくらい「トゥー・ドゥー・リスト」（やらなければならないことのリスト）を作る習慣があるかなどとも関係しているのだと思われる。

一貫性と幸福感

また、心理学では自己概念の一貫性、いわゆるアイデンティティもウェルビーイングの重要な規定要因だと広く考えられている[22]。自分が誰なのかを理解せず、人生に意義を見いだせるはずがないという考えが西洋には伝統的にあることもよく知られている。実際、ドナヒューら[23]は、さまざまな社会的役割（たとえば、学生、娘、姉）間での自己概念にどれくらい一貫性があるかを測定し、自己概念の一貫性とうつ傾向との関係を調べたが、エリック・エリクソンやアブラハム・マズロー、カール・ロジャーズの考え方と同様に、自己概念の一貫性の低い人にうつの傾向が強かった。たとえば、娘の役割を演じている時は自己主張が強いが、学生の役割を演じている時はあまり自己主張しない人のほうが、学生の役割を演じている時も娘の役割を演じている時も、自己主張が強い人よりもうつの傾向が強かった。シェルドンら[24]は、自己概念の一貫性と人生の満足度との関係も調べたが、予想どおり、一貫性の高い人が人生の満足度も高いという結果が出た。

西洋では、一般的に一貫性が自己概念の中核にある。たとえば、自分が外交的だと考える人は、誰が相手でも常に外交的であるし、そうあるべきだと考える人が多い。ところが、ソ[25]によると、アメリカでは自己概念の一貫性が当然のように考えられているが、儒教の影響の強い韓国では、自己概念の一貫性は必ずしもウェルビーイングに繋がらないらしい。韓国ではたとえ自分が外交的だと考える人でも、年上や年配の人の前では外交的に振る舞うべきではないとし、実際振る舞わない人も多い。相手の立場や上下関係を無視して一貫した行動をとる人は、韓国では未熟な人間だと思われる。実際、ソのデータでは、アメリカの大学生のほうが韓国の学生よりも自己概念の一貫性が高く、一貫性と人生の満足度や肯定的感情の頻度との繋がりも、アメリカでのほうが強かったという結果が出ている。

また、アメリカでは、一貫性の強い人が友人からも好かれているのに対し、韓国では、そのような傾向はまったく見られなかった。これも、上下関係のはっきりしている社会では、対人関係上の柔軟性が求められるのに対し、上下関係をあまり気にしないアメリカのような社会では、柔軟性は重要視されず、むしろ弱点だと見なされることさえあるようである。たとえば、２００４年の大統領選で ジョン・ケリー候補が一貫性に欠けるという点をブッシュ陣営からひどく批判され、投票者からもそれを弱点だと見なされて落選したのは、興味深い。ある程度の一貫性と柔軟性は、どの国でも共に好ましい人格特性であると思われるが、どちらがより理想の人物像に近いかという点では、アメリカの場合、やはり一貫性ということになるのであろう。韓国や日本の場合は、柔軟性のほうが今でも好まれるのではなかろうか。

他人との比較は、幸福の毒

他の誰かと自分を常に比較する人も多いが、幸福感という意味では、他人との比較をしない人のほうが幸福感が高いようだ。特に、他人と比較して自分が劣っている領域でいつも社会的比較をするのは、精神衛生上あまり好ましいとは言い難い。

たとえば、リュボマースキーとロス[26]の、実験協力者を被験者になりすまさせて本当の被験者の行動を観察した研究がある。被験者と実験協力者（サクラ）に知能テストのような課題を与え、実験協力者がすらすらと課題を解いていく条件の群と、実験協力者が課題に詰まっている条件の群とを設定し、被験者がどのように反応するかを測定したのである。幸福感の高い人は、実験協力者が課題に詰まっている状況では、自分が課題をうまく解いたという自己評価を下した。また、自分よりもすらすらと課題を解いている人が隣にいても、幸福感の高い人は、隣の学生には影響されず、自分なりに課題をうまく解いたという自己評価を下した。つまり、隣の学生が例外的に頭がいいだけで、自分の課題解決能力には無関係という見方をしたらしい。結局、幸福感の高い人は、いずれの状況でも自己評価が高く、他人の存在に影響を受けなかったと言える。ところが、幸福感の低い人では、実験協力者がすらすらと課題を解いた状況では自分はうまく課題が解決できなかったという自己評価を下した。つまり、幸福感の低い人は、自分と他人を比較しながら自己評価を下す傾向が強いのだ。この結果を日本の現状に当てはめるならば、幸福感の強い人は同僚が一流大学を出ていて、自分はそうではないとしても特に気にしないが、幸福感の低い人では、同じような状況で常に劣等感を持つのだろう。

リュボマースキー教授は、さらに大学入試を控えた高校3年生を対象とした研究を行っている。志望大学の評価を入試結果がわかる前とわかった後に測定したが、幸福感の高い人では、たとえ第一志望の大学に入れなくても、第二志望の大学への合格が決まれば、急に第二志望の大学の評価を上げるという心理的操作を行っていることを発見した[27]。逆に、幸福感の低い学生では、入れなかった大学の評価が不合格が決まる以前と変わらないという結果が出た。私も、第一志望の京都大学に入れず、第二志望であった国際基督教大学（ＩＣＵ）に入学したが、入学後も京都大学のほうがずっといい大学であるという評価をしていたし、再受験も考えていたことを思い起こさせる結果である。幸福な人であれば、ＩＣＵのほうが自分にはあっていたのだというふうに合理化するであろう（ちなみに私も約20年たって、やっとそのように思えるようになった）。

知覚と幸福感

面白いところでは、知覚のスタイルが幸福感とも相関を示しているという研究がある[28]。まず次の図を見て欲しい。

次に、以下の2つの図を見た時、どちらが最初の図とより似ていると感じるだろうか？

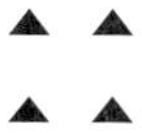

（a）

（b）

これは、ルース・キムチ教授によって広められた、視覚の研究で有名な課題であるが、この質問に（a）と答えた人は広い視点を持つ人、（b）と答えた人は細部に焦点を当てがちな人と言える。似たような課題が32あり、そのうちいくつ広い視点の図を選んだかのスコアが計算でき、そのスコアと人生の満足度との相関を調べたところ、0・31という数値が出た。このスコアと楽天主義にいたっては0・49という高い相関が報告されている。つまり、楽天的で幸福感の高い人は細部に焦点を当てるのではなく、大きな枠組みに視点を向ける傾向があるようである。逆に、幸福感の低い人、悲観的な人では、細部に目が向く傾向があるようだ[29]。

また、自分の人生を考える際にどんな事柄を考えるかも、人生の満足度と関連するという結果が報告されている[30]。この研究では、人生の満足度の測定によく使われる質問紙[31]（「人生満足尺度」SWLS）に答えた後、調査対象者に回答中にどんなことを考えたかを問い、その自由記述の内容を分析したのであるが、バッソら[32]の結果と同様、人生の満足度の高い調査対象者は、SWLSの回答中に抽象的な事項を思い浮かべたのに対し、満足度の低い調査対象者は、細かい事項を思い浮かべたということである。たとえば、同じく学校での成績のことについて考えた調査対象者でも、幸福感の高い調査対象者は単に、学校での成績がいいか悪いかという大雑把な記述をしたのに対し、幸福感の低い調査対象者では、学校の成績の細かい基準（たとえば通信簿の平均値が4点満点で3・50以上であるか）を記述したそうである。アップダグラフとソ[33]はさらに、幸福感の判断において抽象的な視点を促す群と、はっきりとした基準を促す群を作り比較したところ、抽象的な視点を促した群のほうがはっきりとした基準を促した群より幸福感が高いという結果を得た。ここでも、自分の人生を評価する際、だいたいにおいてどうなのかと判断する人と、細かい基準で評価する人で、人生の満足度にもかなりの差が出るということが示された。

どうして細かい基準で判断すると満足度が低くなりがちなのかと言うと、曖昧な基準であれば、個人の見方によって良し悪しの判断に柔軟性があり、自分に都合の良い判断が可能であるが、はっきりとした基準ではそういった判断上のご都合主義が通用しないからであろう。実際、大石とサリヴァン[34]の研究でも、欧州系アメリカ人とアジア系アメリカ人の大学生にどれくらい親の期待に応えてきたかという質問をしたところ、欧州系アメリカ人に、親の期待に応えてきたという回答が多かった。同じ調査対象者に、どれくらい親の期待が細かいかという質問をしたところ、予想どおりアジア系の学生のほうが欧州系の学生よりも、親の期待が細かいという回答をした。つまり、アジア系の親では、子供に弁護士になって欲しいとか、医者にならなければダメだとか、こういう人としか付き合ってはいけないとか細かい要求と期待が寄せられているのに対し、欧州系の学生は、親はそれほど細かいことに口を出さないという回答をしている。欧州系の親は、別に弁護士でも医者でも（高給取りで、地位が高ければ）気にしないという反応が多いようである。期待がおおまかであれば、自分自身で親の期待に添ってきたという反応もしやすいはずである。

さらには、どれくらい自分の親の期待に応えてきたかは、人生の満足度全般にも関連する。この研究では、欧州系アメリカ人の人生全般への満足度がアジア系より高かったが、それがまず第一に親の期待の特定性（どれくらい細かい期待を寄せられているか）がアジア系でのほうが高いこと、それから親の期待が細かければ細かいほど、親の期待に応えていないと感じていることによって説明できることが実証された。何かの技術を身につけたり、何かを達成するためには細部への注意が大切であるし、常に向上心を持っていることが重要である。残念ながら、この常時細部に注意を払う傾向は、幸福感という面では好ましくない影響を与えていることが見て取れる。

チョイスと幸福感

第4章で、アメリカ社会での選択の重要性を述べたが、近年そのアメリカですら、選択肢の過剰がもたらす副作用が語られるようになった。たとえばアメリカの大企業では、社員に401Kという年金のシステム（社員が収入の数パーセントを自分の年金のために貯蓄し、会社がそれに合わせて数パーセント貢献するというシステムで、日本でもこれにならい、確定拠出年金制度が導入された）への加入を勧めているが、少なからぬ社員がこのシステムに参加していないらしい。自分の給料の5パーセントを401Kに拠出すれば、会社も5パーセントあるいは2・5パーセントをそれに上乗せして401Kに拠出してくれるシステムであるから、これを利用しない理由はないのだが、選択肢が多すぎて、何を選んだらいいのかわからないという、過剰な選択肢が生み出した困惑が原因で、利用しない社員が多いというのだ。ブッシュ大統領は、アメリカの国民年金も401Kのような自己管理型に変えようとしたが、現在の401Kの状態を見ると、国民年金を自己管理できるような人は少数派であろう。

バリー・シュワルツ教授[35]によると、これに似た個人差も存在し、何か購入するたびにありとあらゆる情報を手に入れ、吟味したうえでなければ何の決断もできない「最大効果の追求派」もいれば、ある程度の情報が入ればそれをもとに決断する「適度でオーケー派」もいる。これは、車や家の購入時に最も顕著であるが、最大効果の追求派対適度でオーケー派という面での個人差と幸福感との関連も面白い。

まず、最大効果の追求派は、適度でオーケー派より幸福度が低く、うつ傾向が強い[36]。またこの関係は、最大効果の追求派が自分と他の人を比較する傾向が強いところからきているという結果が出ている。また、ありとあらゆる情報を手に入れてよりよい選択をしようと試みる最大効果の追求派は、ある程度の情報をもとに決断を下す適度でオーケー派に比べて、皮肉にも、その決断に後悔することが多いという。つまり、考えれば考えるほど、選ばなかった選択肢のことが気になり、もし別のものを選んでいたらどうだっただろうという発想が出てしまうらしい。

コロンビア大学のシーナ・アイエンガー教授[37]は、最大効果の追求の傾向を調査対象者が大学4年時に測定し、卒業後どのような職業についたか、またどれくらいその仕事に満足しているかを測定した。さまざまな職種、会社、給与体系など調べ尽くした最大効果の追求派は、適度でオーケー派よりも約20パーセント高い給料を得ていた。にもかかわらず、最大効果の追求派は適度でオーケー派ほど自分の選択に満足していなかった。つまり、客観的に見ればいい仕事を得ているのに、最大効果の追求派はもっといい仕事があったのではないかと考えてしまうことから、現状に満足できないらしい。

あまり細かい点は気にしない人が幸せだという結果とあわせても、あまりこだわりすぎると、少なくとも幸福感という面ではいいことはないようだ。旅行にしても、車の購入にしても、同様のことが言えるのかもしれない。さらには、恋愛結婚が増えた現代の日本で、見合い結婚が普通だった時代と結婚生活への満足度においてあまり差がないようであることからも（しっかりとした日本でのデータはないが、離婚率はたしかに増えている）、選択肢が増えること自体は、必ずしも幸福には繋がらないということであろう。

感謝の気持ち

ダライ・ラマが、幸せな人生を送るには、周りの人間の努力と協力が必要であるから、共感と感謝の気持ちを忘れてはいけないと言っているが[38]、実際ロバート・エモンズ教授の研究によると、感謝の気持ちを忘れない人が幸福感の高い人だという結果が出ている[39]。しつけの第一はほとんどの文化で「ありがとう」と言うことであるから、感謝の気持ちを忘れない行為とは、人間の日常生活での基本中の基本であるのに、多くはそれを実行していないのではないだろうか。

実際、私自身も自分の子供が生まれるまで、どれほど「親業」が大変なことであるかをまったく理解していなかったし、十代以降、子供を育てるのは親の義務なのだから、親に特別感謝する必要はないとすら感じていた。自分が親になって初めて、オムツを替えたり、子供が病気になって容態を死ぬほど心配したり、レストランで子供が暴れて困り果てたり、飛行機のなかで子供が寝られなくて、ワシントンＤＣから成田まで自分も全然寝られなかったりと、自分が苦労してやっと親の苦労が理解できた。それでも常に感謝の気持ちを表しているわけでもないし、常に感謝の気持ちを持っているわけでもないけれど、親に対する感謝の気持ちは少なくとも以前より自然に持てるようになった気がする。またそれによって、親との関係も好転したように思える。

エモンズ教授の研究で感謝の気持ちを忘れない人が幸福だという結果が出たのも、ひとつには、感謝を忘れない人の対人関係がおそらく感謝の気持ちを持っていない人のそれより、ずっと良好だからではないだろうか。

第12章 幸せになるための介入

前章では、幸福感と性格特性という比較的安定した個人差についての代表的な研究をまとめたが、遺伝のトピックからもわかるとおり、安定した個人差は必ずしも、幸せの変動が不可能であることを示しているわけではない。近年、幸福感を向上するためのさまざまな介入についての研究も盛んに行われており、この章ではそれらの代表的な研究をまとめる。

アメリカでは、先述のとおり、社会の流動性が高く、実に人口の約半分が5年以内に住居を変えるくらいである。アメリカの中西部では、夏は暑く冬は極寒のところが多いが（私が4年間住んでいたミネソタもしかり）、その厳しい気候から、中西部の住民は、カリフォルニアに住めば幸せになれるだろうという予想をし、実際に移り住む人も少なからずいる。つまり、住むところを変えて幸せになろうという魂胆なのであるが、そもそもカリフォルニアに住んでいる人のほうが中西部に住んでいる人より幸せなのだろうか？

デイヴィッド・シュケードとダニエル・カーネマン教授が実際にこの点を検証しているが、予想と違い、カリフォルニア人と中西部人との間では、人生の満足度にまったく差がないという結果が出ている[1]。面白いのは、カリフォルニア人も中西部人も、カリフォルニア人のほうが中西部人より幸せであろうと予想した点であるが、データをよく見てみると、シュケードとカーネマン[2]が唱える「焦点を絞ることの錯覚」が起きていることがよくわかる。つまり、この実験の協力者のほとんどが、天候やレクリエーションの機会が人生の満足度に非常に重要な影響を与えるだろうという予測をしたのだが、これは中西部とカリフォルニアの比較では天候の差が最も際立った差であり、そこに焦点が絞られたためにこのような結果が出たと思われる。実際は、日常生活での対人関係（夫婦関係、友人、近所付き合い）などのほうが重要なのであろうが、予測する際には平凡な領域のことはあまり頭に浮かばないから、考慮に入れられないのであろう。

またアメリカでは、退職し、カリフォルニアやフロリダに移り、引退生活をそれまでとは違う町で過ごす人が少なからずいるが、その決断が実際に幸福感の向上に繋がるかというと、そうでもないというデータが少なからず出されている。たとえば、オーストラリアで行われた研究では[3]、退職後それまでと同じコミュニティで隠居生活を送っている人のほうが、違うコミュニティに引っ越した人より、さまざまな面（たとえば自己受容、人生の目的などキャロル・リフの心理的ウェルビーイングの6尺度）で満足度が高いという結果が出ている。つまり、住環境を変えれば幸福感が高まるかというと、もちろん、それほどことは簡単に運ばない。引っ越しのひとつの否定的要因は、言うまでもなく長年築いてきた対人関係が途切れてしまうことにある。たしかに移民の国では新天地で新しい人間関係を築くのは比較的簡単だが、深い人間関係を築くにはやはり年月と共通の体験が伴わないとなかなか難しいということを、引っ越し前には軽視してしまっている可能性がある。

もちろん、仕事という面では、仕事を変えたおかげで人生の満足度が上がったという例は発表されているし〔4〕、恋愛のパートナーを変えて満足度が上がったという人もいるのは確かなので、ある種の環境の変化はもちろん幸福感の向上に貢献するが、これも当然のことながら、新しい仕事と新しいパートナーによるので、環境の変化で幸福感の向上を確保するのは難しいようだ。

それでは、どうすれば幸せになれるのだろうか？　前述のとおり近年、幸福感を向上するためのさまざまな介入についての研究も盛んに行われており、以下それらの研究について代表的な例を紹介する。

感謝介入法

上記のとおり、感謝と幸福感とは関連しているが、感謝の気持ちを持つように指導すれば、被験者の幸福感が上がるであろうか？　エモンズとマカラフ〔5〕は、被験者をランダムに3つの実験群に分け、「感謝」群では、過去1週間を振り返って、自分が感謝することを5つ書かせた。これに対し、「雑用」群では、過去1週間で面倒くさかったことを5つ書かせた。最後に「出来事」群では、過去1週間に起こった出来事を5つ書かせた。これを9週間にわたって実行した結果、人生の満足度は「感謝」群で最も高かった。さらには、「感謝」群の被験者には、筋肉痛やのどの痛みなどの症状の数も「雑用」や「出来事」群より有意に少ないという結果が出た。

つまり、人生の満足度といった非常に主観的なことだけではなく、具体的な身体的健康状態にまで「感謝」の効用があったというのは、驚くべき結果である。また、これは実験的研究であるから、感謝の気持ちが満足度を増したという因果関係も見て取れる。このことから、幸せになりたい人は、感謝することを毎週5つくらい挙げてみてはどうだろうか？　これにより対人関係も少々好転し、幸福感も少々上昇するかもしれない。

満喫すること

感謝の気持ちを忘れないことと似た態度としては、好ましい経験を「満喫する」という態度も重要であるという報告がされている。ブライアントとヴェロフ[6]によると、日常生活での平凡な経験でも、満喫する態度を持つことで非凡なものになるという。たとえば、通勤で東京駅の丸の内出口を利用する人であれば、普段は仕事のことに気持ちが集中していて東京駅舎の建築の美しさを立ち止まって鑑賞する時間などないだろう。しかし、信号を待っている時に東京駅の駅舎を鑑賞したり、オフィスビルの入り口に飾ってある花を眺めたりする瞬間を大切にすることで、日常生活への満足度が高まるという。なぜ東京駅舎の美しさは、最初に見た時には印象に残るのに、その後は完全に無視されがちなのであろうか？　これは、初めての経験は人の注意を引くが、慣れるにしたがって新しい刺激や変化だけに注意が向くからであるという[7]。ここには、前述のさまざまな出来事への適応と同じような心理的機能が働いていると思われる。

つまり、意識して注意を払わない限り、美しい山々も川も田園も、すべて背景として潜み隠れてしまうのである。同様に、意識して注意を払わない限り、暖かい親友や家族の存在も当然のこととして受け取られ、感謝の気持ちを忘れてしまうのであろう。

「満喫すること」についての研究報告を読み、私自身も日常生活で意識的に満喫することにした。特に、約4ヵ月間韓国の延世大学の客員教授をしていた時、ソウル郊外の妻の実家から大学まで地下鉄で片道約1時間半の通勤をしたが、アメリカで車で10分ほどの通勤に慣れていたので、苦痛でしかたがなかった。唯ひとつ、地下鉄2号線で漢江を渡る30秒ほどの時間だけが救いだった。漢江のほとりにある韓国の国会議事堂や韓国で一番高い63ビルが川沿いに見え、それは壮観だった。延世大へ通勤をしていた期間は、その30秒ほどの時間を楽しみにしていたし、見た風景を目に焼き付けるように意識していた。日本の通勤事情を考えても、何か一箇所自分の好きな風景を見つけ、その風景を意識して楽しむようにし、その風景をその後も思い起こすように意識することは、わずかであるが満員電車の苦痛を癒やすひとつの方法であろう。

その他の幸せ介入法

「感謝」や「満喫」という介入方法に加え、「最高の自分」を繰り返し想像するという介入方法も試されている。たとえば、シェルドンとリュボマースキー[8]は、被験者をランダムに「感謝」「最高の自分」

と対照群（日常生活の細部に注意を払うこと）に分けた。「最高の自分」群では、被験者に次の2、3週間に自分のすべての目標を達成し、すべてがうまくいくことを想像させた。対照群では、肯定的感情が時点1から時点2（2週間後）で低下したが、「感謝」と「最高の自分」群では向上した。つまり、「最高の自分」群ではすべてがうまくいくことを想像することで、少なくとも最初の2週間の幸福感が向上したわけだ。残念ながら、4週間後に肯定的感情を測定したところ、この3群に差はなかった。つまり、この研究では感謝と「最高の自分」の影響は短期間にとどまった。これらの影響が長期間にわたるためには、感謝の気持ちを持ち続けること、そして最高の自分を想像し続ける必要がある。これもまた、幸福感を向上することが容易ではないことを示している。

その他さまざまな介入方法が試されているが、ローラ・キング教授の作文練習もかなりの実証的サポートを得ている。もともとは、ジェイムズ・ペネベイカー教授がレイプなどの被害者を対象に、悲惨な出来事について毎日10分程度書く訓練をさせたところ、対照群よりもそれらのトラウマからの立ち直りが早かったこと、また血液中のT細胞の数などにも差が出るなどの驚くべき結果を発表したところから始まる[9]。これは、書くことによりなぜ悲惨な事件が起きたのか、それにどんな意味があったのかなど心の整理ができるからであるらしい。実際、数週間にわたって書かれた日記の言語分析をしてみると、回復に向かった人では、「だから」や「ので」といった理由を意味する接続語の利用回数が増えるそうである。

キング教授とペネベイカー教授はサザン・メソジスト大学で一時期同僚であり、キング教授がこの作文練習を幸福研究に採用したと言える。キング[10]は、「最高の自分」について毎日20分書かせた群で、対照群より5ヵ月後の健康状態が良好だという、これまた驚くべき結果を発表している。この研究は大学生を対象としていたので、大学のヘルスセンターへの訪問回数も分析しているが、そこでも「最高の自分」を書いた群は対照群よりヘルスセンターへの訪問回数が少なかった。バートンとキング[11]のフォローアップ研究でも、調査対象者に最もポジティブな出来事を3日間20分ずつ書いてもらったが、対照群より3ヵ月後のヘルスセンターへの訪問回数が少なかった。ここでも、良かったことについて書き留めることが健康に繋がるという結果が示されている。

しかし、なぜ「最高の自分」を思い浮かべることが健康に繋がるのであろうか？　このリンクはまだ解明されていないが、「最高の自分」を想像することで、楽天主義の心構えができるからであろうか。チャールズ・カーヴァー教授らの研究で、楽天主義とさまざまな健康への効用が報告されている。第8章で述べたとおり、乳がんの患者を対象とした追跡調査でも、楽天主義の傾向が強い人の手術後の回復は、悲観主義の人よりも早かったという結果が出ている[12]。

また、リュボマースキーら[13]は、最も幸せな体験について被験者に3日間15分書くか、喋るか、あるいは一人で考えるかをしてもらったが、4週間後の人生への満足度は、最も幸せな体験を15分間書いた群と考えた群で喋った群より有意に高かった。面白いのは、幸せな体験について15分間考えた群で、書いた群よりさらに満足度が高かったことであろう。なぜ考えることのほうが書くことより効果が高かったのかについては、はっきりとした理由はわかっていない。書くことの効果については、なぜ幸せなことが起こったのかが理解でき、そのためその出来事への適応が早まった[14]という可能性がある。

ヴァージニア大学の私の同僚ティム・ウィルソン教授の研究[15]では、研究協力者が、図書館などで学生に近寄って1ドルコインを与えたが、実験群ではなぜ研究協力者が1ドルコインを配っているのか明らかではない。ところが対照群では、1ドルコインの横にランダムに親切をするというクラブの名前が明記されていた。つまり、実験群ではこの親切な行為の意図が不明であったのに対し、対照群ではこの親切な行為の意図が比較的明らかであった。約5分後別の研究協力者がコインを受け取った学生に歩み寄り、今の気分を尋ねた。そうすると、親切な行為の意図が不明の実験群で意図が明確な対照群より幸福感が高いという、これまた驚くべき結果が出た。つまり、何かいい出来事が起こった時、なぜそれが起こったのかがわかると喜びもそれで終わってしまうが、なぜいい出来事が起こったのかがわからない場合、その出来事が「過去の出来事」として整理されず、心に残るというのである。

リュボマースキーらの結果に戻ると、考えることでもなぜ幸せなことが起こったかの理解はできるはずであるが、書くことに比べると体系的に分析することはないので、終わってしまったことという意識に導きにくいのであろう。いずれにせよ、これらの研究は、何かいいことが起こった時に、その理由を考えないほうが幸福感はより長く継続することを意味する。同僚に親切にしてもらった時も、その動機についてあれこれ深読みしないで、「良かったなあ、でもなんでかなあ」くらいで止めるのが、ちょうど良いのであろう。

幸せ介入――今後の課題

第4章で述べたとおり、幸福感の文化差はかなり大きいので、これらの介入方法がすべて日本でも通用するとは想像し難いが（特に「最高の自分」は、やはり根本的に自分を特別だと思っている人にしか効かないかもしれない）、日本でもいくつかの介入実験が行われている。

たとえば、大竹ら[16]は、日本人の学生を対象にして、自分が親切をした際にそれを記録するという「親切介入」を1週間にわたり行った。対照群では何の介入も行わなかった。親切介入の1ヵ月前と1ヵ月後に幸福感を測定したところ、対照群では幸福感に何の変化もなかったのに対し、親切介入群では、介入1ヵ月後の幸福感が介入前より有意に高いというきれいな結果が出ている。この研究結果からも、幸せになりたい人は、他人にやさしくするという行為から始めることがお勧めである。特に、自分の身近にいる家族や同僚などに親切にすることは、一種感謝の気持ちの表れであり、幸せへの効き目も増すのではなかろうか。感謝にしても親切にしても、しつけの基本であり、近年の実証心理学の研究が示すのは、基本的なしつけを実行することが「よく生きる」ことの基本であり、主観的な幸福感にも繋がるという点は興味深い。

幸せになる薬？

新聞や雑誌で話題になっているとおり、幸せになるために薬を利用する人もいる。うつ病の治療によくＳＳＲＩ（セロトニンの選択的再吸収防止剤）と呼ばれる抗うつ剤が使われるが、うつ病者でなくても服用後、憂うつな気分が晴れるという効果がよく知られている。アメリカでは、エクスタシー[17]と呼ばれる麻薬の利用者がかなりいるが、このドラッグの人気の理由は、服用後30分ほどで幸せな気分になり、赤の他人とですらすぐに親密感が生まれるからと言われている。

もともとエクスタシーは、戦場から戻ってきた兵士のトラウマを抑えるために使われ始めた薬らしいが、それが出回り、今では違法ではあるがインターネットなどで手に入るようになっているらしい。その効果の理由は、ＳＳＲＩ系の抗うつ剤同様、エクスタシーが脳細胞からセロトニンをシナプスへ放出し、またセロトニンが脳細胞に再吸収されるのを防ぎ、結果として異常に高いレベルのセロトニンがシナプスに滞在することから生まれると言われている。エクスタシーによる効果は、約3時間から5時間ほど続くと言われているが、繰り返し利用すれば、細胞のセロトニンリセプターに障害が起き、通常のセロトニンの細胞間での伝達が阻害されることが知られているから怖い。最近アメリカで問題になっているメタ（メタアンフェタミン）も、基本的にはエクスタシーと似ていて、やはりセロトニンをシナプスに放出することで服用者をハイにさせる。

いずれにせよ、これらのドラッグは一時的な幸福感しか生み出さないので、薬で幸福感を上げるというアプローチは健康だとは言えない。また副作用も多く、メタにいたってはさまざまな心理的障害も生まれるという報告がある。悪質な副作用がなく、長期的な幸福感を生み出すような薬は、今のところ存在しないようだ。

第13章　幸せの効用？

アリストテレスは、人間の最終目的は幸せ以外にありえないと言い[1]、したがって、心理学者の実証的研究も、これまでは幸せの予測要因に関心が注がれてきた[2]。しかし、その幸せは、実際何かに有効なのであろうか？　つまり、幸せとは、何か社会的に有効な事柄に連結しているのであろうか？

もし幸せが、人間のさまざまな営み（経済的活動、知的活動、対人的活動、政治的活動）に有害であれば、そのような幸せを求めても無意味なのではないかという疑問が湧いてくる。第1章で引用したとおり、フランスの小説家ギュスタブ・フローベルは、「馬鹿さ、身勝手さ、健康が幸せの三大条件である。ただし、馬鹿さがなければ、他の条件は無意味であるが」と言っており、暗に幸せがまじめな知的活動に適していないこと、また幸せが身勝手さと連結していることを示唆している。この章では、フローベルの言葉を実証的に検討してみる。

幸せは役に立つのか?

オランダ人の社会学者ルート・ヴィーンホーヴェン教授が言っているように、1988年まで幸福感の効用についての実証的研究は非常に少なかった[3]。1989年にヴィーンホーヴェン教授は、『幸せは有害か?』という本を編集しているが[4]、そのなかで、幸福感は全般的に人々の営みに無害であり、有効であることも多いという結論を出している。たとえば、幸せ（特に自己満足）は、他人に対して無頓着になるという可能性が懸念される。しかしさまざまなデータを検証してみると、幸せな気分は他人への気配りと正の相関があるという結果が多い。さらに、幸せな人のほうが親密な対人関係を持っており、幸せな気分が自己開示や社交性に繋がるという結果が多く発表されている。また、幸せは怠慢を呼ぶという可能性も挙げられるが、実際のデータを見てみると、幸せな人のほうが不幸せな人より働き者であるという結果が出ている。さらには、幸せは政治的無関心を呼ぶという可能性も考えられるが、これもデータを見てみると、幸せと政治的活動は無関係という結果が出ている。最後に幸せな人は健康かという問題があるが、追跡調査のデータを見てみると、幸福感の高い人のほうが低い人より長生きしているという結果がほとんどである。

ソニヤ・リュボマースキーら[5]が過去20年に行われた225の論文をメタ分析しているが、ヴィーンホーヴェン同様、幸せの効用がさまざまな面で見られる。上記の効用に加え、幸福感の強い人は、長期的

表6　大学入学時の明るさと19年後の年収

大学入学時の明るさ（1976年）	19年後の年収（1995年）
1＝最低10%	約540万円
2＝平均以下	約617万円
3＝平均	約635万円
4＝平均以上	約661万円
5＝最高10%	約627万円

に年収も仕事への満足度も高く、実際上司からの評価も高いという結果が出ている。さらには、離婚しても、再婚する確率も高いし、さまざまな病気からの回復も早いという結果も出ている[6]。以下、代表的な研究をいくつか、かいつまんで紹介する。

幸せな人は稼ぐ？

ディーナーら[7]は、アメリカのエリート大学25校の新入生1万3千人以上の学生を対象に、19年にわたる追跡調査を行った。まず、大学入学時にこれらの学生がどれくらい「明るいか」を自己報告で測定し、19年後これらの調査対象者がどれくらいの年収を得ているのかを調べた。明るさの測定は5点法を用いてなされたが、この大規模な調査によると、大学1年時に性格が明るかった学生のほうが、性格が暗かった学生より19年後（平均年齢約37歳時）の年収が高かった。

表6のとおり、一番暗かった学生たちの平均年収が約540万円（1ドル＝100円として計算）であったのに対し、一番明るかった学生たちの平均年収は約627万円であった。つまり、明るかった学生のほうが暗か

った学生より年収が87万円ほど高かったことになる。この研究が就職後10～15年での調査であり、この後追跡調査を継続すれば、暗かった調査対象者と明るかった調査対象者の年収の差はさらに広まることが予想される。

ニュージーランドでの追跡調査でも[8]、18歳時に明るく、幸せな調査対象者が8年後の26歳の時点でより社会的地位の高い職業に就いていた。逆に18歳時にストレスが多く、うつ傾向の強い調査対象者は、8年後に地位の低い職業に就いていた。この結果も、ディーナーらの結果と一貫性がある。少なくともアメリカとニュージーランドにおいては、能力に差がなければ、明るい人のほうが暗い人よりステイタスの高い職業に就く傾向にあり、それが高い収入に繋がると考えられる。そもそも、能力が同じであれば、明るい人のほうが暗い人よりも上司からの評価も高く[9]、それゆえ昇進も早いのであろう。

幸せは結婚を呼ぶ?

結婚と幸福感の章で述べたとおり、良好な対人関係は幸福感に欠かせないが、それだけではなく、幸福感が良好な対人関係の形成に繋がるという結果も出ている。たとえば、ジョンソンら[10]は、双生児を対象に結婚の経験の有無を調べたが、男性の調査対象者では、幸福感、社会的地位、成功、攻撃性、伝統主義などが結婚経験と相関し、女性では、親密性、危険回避、伝統主義などが結婚と相関していた。一卵性双生児では結婚経験の有無が似ていたのに対し（男で0・67、女で0・72）、二卵性ではあまり似ていなかった（男で0・12、女で0・21）。この結果からジョンソンらは、結婚をする可能性の遺伝係数を0・68としている。さらに、幸福感と結婚との関連が遺伝によって説明できることも証明した。つまり、先に述べたとおり、幸福感は遺伝の貢献度も高く、結婚も遺伝係数が高いことから、幸せな人が後に結婚しやすいという結果も、遺伝によって説明できるというものである。

結婚における遺伝の重要性には異論もあろうが、幸福感と結婚との関連は他の研究でも示されている。たとえば、大学の卒業写真で笑顔を見せている人のほうが、笑顔を見せていない人より27歳の時点での結婚率が高いという結果や、52歳の時点での結婚への満足度も高いという結果なども発表されている［11］。結婚相手としても、パートナーとしても、不満ばかりの人よりは満足している人のほうが好まれるというのは、日本でも当てはまるのではないだろうか。また、結婚生活においても、不平不満の多い相手と好んで一緒に暮らしたいという人はいないだろう。幸福感は人の魅力を高めるようだ。

幸せが健康へ？

幸福感と健康との関連研究という点では、カーネギーメロン大学のシェルドン・コーエン教授が第一人者である。コーエン教授の研究では、被験者に風邪のウイルスを注入し［12］、その後どのような風邪の症状が体内に広がるかを測定した。コーエンら［13］では、感染後の、コーチソル、アドレナリンなどのホルモン、鼻中粘液量などの客観的な風邪の症状も測定したが、感染前の社交性や外向性が主観的な風邪の症状（たとえば自己報告による頭痛）だけでなく、鼻中粘液量などの客観的な風邪の症状をも予測していた。つまり、社交性が高い被験者は、内向的な被験者に比べ、同じウイルスに感染したにもかかわらず、鼻中粘液量が少なく、自己報告されたのどの痛みやせきなどの症状も軽かった。この研究では、幸福感自体は測定していないが、社交性と幸福感との相関に鑑みると、幸福感も風邪の症状を軽減する要因となることが推測される。

幸せが長生きの秘訣？

また面白いところでは、幸福感と寿命との関係を調べた研究もある。ダナーらのキリスト教の修道女を対象とした研究では、調査対象者が修道女になる際に書いた自伝を言語分析して（調査対象者が平均年齢22歳の時）自伝にどれくらいポジティブな言葉を使っていたかを測定し、その後各修道女が何歳まで生き続けたかを分析した[14]。この研究によると、若き日の自伝にポジティブな言葉を含む文が多かった人が、少なかった人より長生きした。たとえば、80歳の時点での死亡率を見ると、表7のような結果が出ている。ポジティブな文章が最も多かったグループでの死亡率が24パーセントに過ぎなかったのに対し、平均以下のグループと最も少なかったグループでは死亡率が50パーセントを超えている。

さらに、ダナーら[15]は、自伝で異なるポジティブな言葉（たとえば幸せ、楽しい、嬉しい）をどれくらい使ったかをもとに、調査対象者を4つのグループに分け、同様の分析をしたが、ここでも、異なるポ

表7　ポジティブな文章と80歳での死亡率

ポジティブな文章	80歳での死亡率（%）
一番少ないグループ	54
平均以下	58
平均以上	35
一番多いグループ	24

（Danner, Snowdon, & Friesen, 2001. より）

ジティブな言葉を最も多く使ったグループでの死亡率が25パーセントであったのに対し、最も少ないグループでの死亡率は実に65パーセントであった。ダナーらの修道女の研究と同様の結果が有名な心理学者の自伝を分析した際にも得られているのは興味深い[16]。つまり、心理学者の間でも、自伝でポジティブな言葉をたくさん使った人のほうが、それほど使わなかった人より長生きしていたのだそうだ。カーヴァーら[17]の乳がん患者の摘出手術の経過が楽観的な人のほうが悲観的な人より良かったという結果をあわせても、やはり自然にポジティブでいられる人は生命力が強く、しぶといということであろうか。

第14章　最適な幸福度とは？

前章では、幸せが年収、結婚、健康など人生のさまざまな重要領域でポジティブな結果を導いていることを紹介した。それでは、幸福であれば幸福であるほど良いのだろうか？　つまり、現在の幸福度にかかわらず、誰しもより高度の幸福感を求めるべきなのだろうか。この章では、最適なレベルの幸福感について考察してみる。

幸福感と学業成績

大石ら[1]は、イリノイ大学の学生200人あまりからありとあらゆるデータを取り、この問題に取り組んだ。たとえば、7週間にわたる日記法で、日常生活でどれくらい幸せか、また学業や友人、恋愛関係、性格、価値観、容姿、政治的態度などのデータも取った。まず、日常生活での幸福感と成績との関係

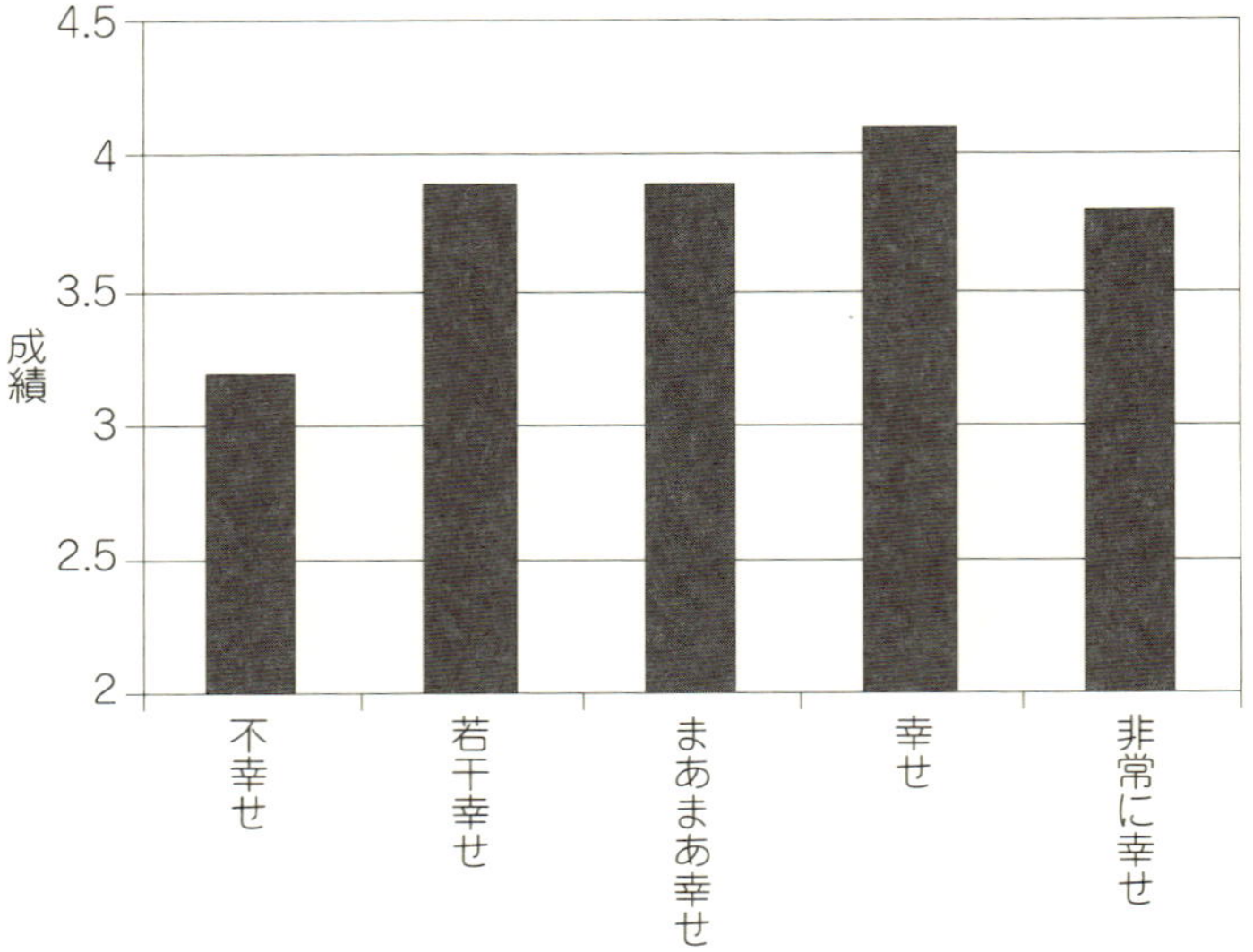

図５　幸福感と学業成績（Oishi, Diener, & Lucas, 2007 より）

について調べたところ、図５からも見て取れるように「不幸せ」な学生たちの成績は一番低く、５点満点で平均３・２点、その後「若干幸せな」学生たちと「まあまあ幸せ」という学生たちは３・９点、そして「幸せ」な学生たちが一番成績が良く４・１点であった。ここまでは、幸せであればあるほど成績が良いわけであるが、この図を見てもわかるとおり、「非常に幸せ」な学生たちでは、平均が３・８点であり、「幸せ」な学生ほど成績が芳しくなかった。

同じような結果は、どれくらい頻繁に授業に出席あるいは欠席したかを見てもわかる。大石ら〔2〕によると、「幸せ」な学生たちの出席率が最も高く、「非常に幸せ」な学生たちは、「若干幸せ」な学生たちと同率であった。また、どれくらい「善良」かも測定したが、「幸せ」な学生のほうが「非常に幸せ」

な学生たちよりもまじめであった。つまり、学業という面では、幸せな学生のほうが不幸せな学生よりも良い成績を収めているが、「非常に幸せ」な学生たちは、「幸せ」な学生ほど努力をしていないようである。アメリカでは、大学の成績で将来ロースクールに行けるか、メディカルスクールに行けるか、ビジネススクールに行けるかなども決まるので、多くの学生は、いい成績を収めるのに必死である。この点でも、日常生活での幸福感と学業成績との上記の関係は興味深い。

幸福感と対人関係

面白いことに、同じイリノイ大学で取ったデータによると、「非常に幸せ」な学生たちは、学業という面では「幸せ」な学生ほど優秀な成績を収めていないが、社交面では最も望ましい結果を得ていた[3]。というのも、親しい友人の数を調べたところ、「不幸せ」な学生たちが平均4・4人、「若干幸せ」な学生が4・7人、「まあまあ幸せ」な学生が5・1人、「幸せ」な学生が5・5人だったのに対し、「非常に幸せ」な学生たちは、平均5・8人の友人を持っていた。つまり、友人の数という点では、幸せであればあるほど多くの友人に恵まれていたわけだ。また、7週間にわたる日記法で時間の使い方を調査した結果、「非常に幸せ」な学生たちのデートに費やす時間が他の学生たちより断然多かったのも面白い。これらの結果も、学業という面では、幸せであれば幸せであるほど良いというわけではないが、対人関係の面では幸せであれば幸せであるほど良いようである。

イリノイ大学の学生のデータは、それぞれの学生のさまざまな日常生活での出来事や各領域での細かいデータを7週間にわたる日記法などを用い丁寧に取ったので、利点も多いが、どれくらい他大学の学生あるいは大学生以外の人たちに当てはまるかは定かでない。そこで、大石ら[4]は、世界価値調査[5]という世界96ヵ国、10万人以上の調査対象者から得たデータをもとに似たような分析を試みた。世界価値調査は、それぞれの国で18歳以上の全人口から代表的な調査対象者を抽出してデータを取っているので、サンプルという面では、社会科学の研究史上これほどきちんとしたデータは取られたことがなく、ここから得られた結果は、イリノイ大学でのデータなどよりかなり一般化が可能となる。

まず、イリノイ大学での分析の「成績」に相当する最終学歴を分析したが、全般的には幸せと答えた人の最終学歴は不幸せと答えた人より高かった。しかしながら、「最も幸せ」な人たちの最終学歴は「幸せ」な人たちの最終学歴より低いことがわかった。これは、イリノイ大学の「最も幸せ」な学生たちの成績が、「幸せ」な学生ほど良くないという結果と似ている。また、「非常に幸せ」なグループは「幸せ」なグループほど年収も高くなかった。ここでも、客観的な達成度という点では、「非常に幸せ」な人たちは、「幸せ」な人たちほど望ましい成果を上げていないという結果が出ている。

面白いことに、イリノイ大学での結果同様、対人関係という点では、「非常に幸せ」なグループは「幸せ」なグループより望ましい結果を残している。たとえば、「非常に幸せ」なグループでは、男性で76パーセント、女性で72パーセントの人が安定したパートナーがいるとしているのに対し、「幸せ」「やや幸せ」のグループでは男性で約70パーセント、女性で約65パーセントの人しか安定したパートナーがいなかった。ここからも、イリノイ大学で取ったデータと世界価値調査というまったく異なるデータで主な結果が一致したことは、ここで得られた結果の信憑性が高いことを意味している。

将来の年収が最も高い幸福度とは？

もちろん、イリノイ大学でのデータも世界価値調査のデータも、同一サンプルを数年、あるいは数十年にわたって追跡調査をしたわけではないので、そこでの因果関係ははっきりとしない。この点を検討するにあたり、再びディーナーら〔6〕のデータを見て欲しい。大学入学時の「明るさ」と19年後の年収との関係は決して直線的とは言えない。というのも、年収は明るさが「平均以上」の群で最も高く、約６６１万円であった。つまり、「平均以上の明るさ」のグループが「一番明るい」グループより33万円ほど年収が高かったことになる。大石ら〔7〕は、オーストラリアでの追跡調査のデータも分析した。このデータでは、１９７９年、調査対象者が18歳の時に幸福感を5点法で測定し（不幸せ、平均以下、平均、平均以上、最も幸せ）、15年後の１９９４年に33歳の時点での年収を調べた（図６）。ディーナーらの結果同様、オーストラリアのデータでも、18歳の時の幸福感が「平均以上」の群で15年後の年収が最も高く、約４２０万円であり、「最も幸せ」群の約３４０万円より約80万円多かった。また、大石ら〔8〕は、オーストラリアのデータを利用し、18歳時点での幸福感と26歳時点での最終学歴との関係も調べたが、年収同様、幸福感が「平均以上」群で最も学歴が高く、「最も幸せ」群よりも高校卒業後の進学率、また大学の卒業率が高かったことが判明した。世界価値調査で得られた結果と同様の結果がオーストラリアでの追跡調査でも再び得

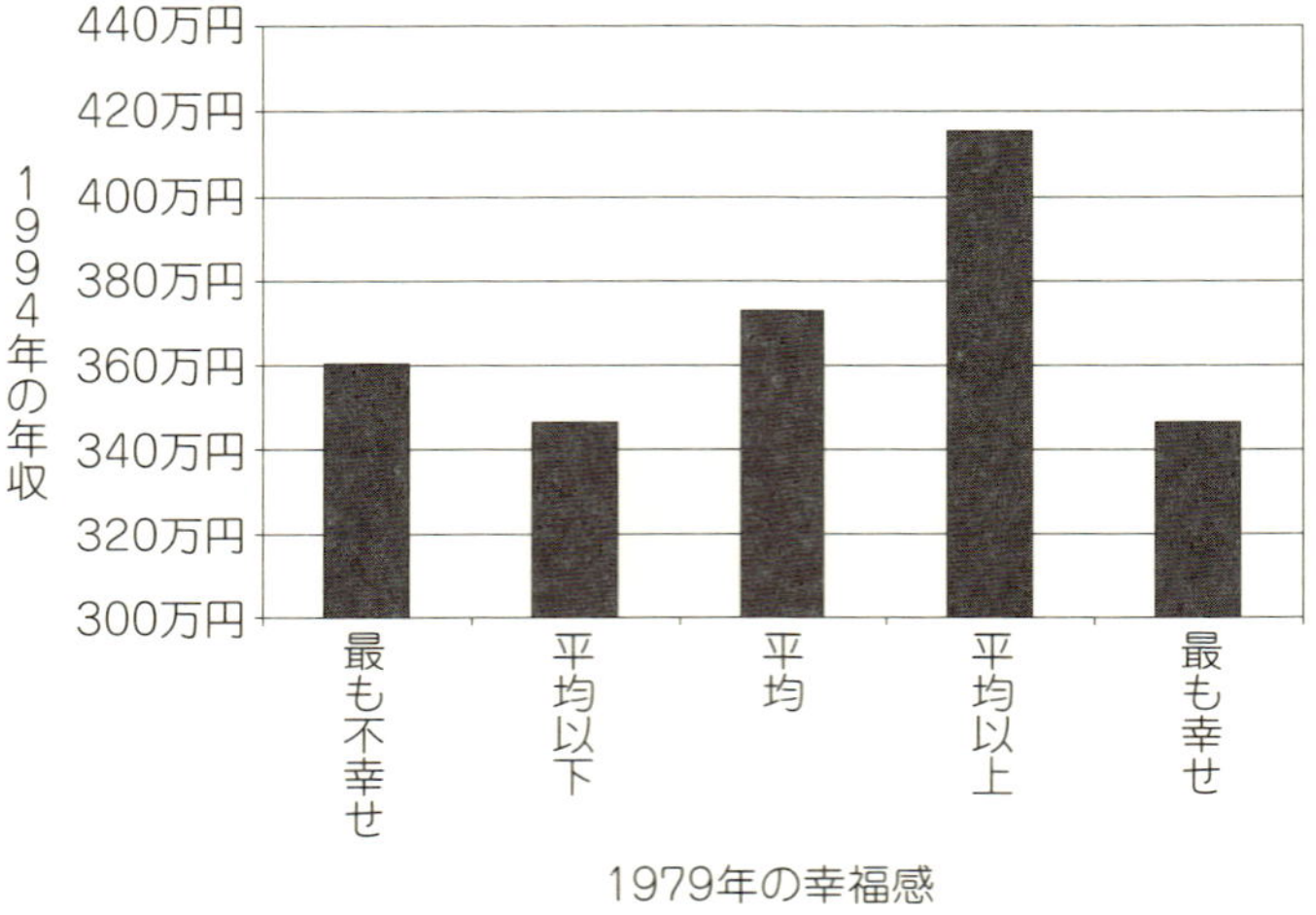

図6　18歳の時の幸福感と15年後の年収（Oishi, Diener, & Lucas, 2007 をもとに作成）

られたことになる。非常に（異常に？）幸せな人は、現状に満足しやすく、高卒でも十分だと感じ、大学に行く必要性をあまり感じないのだろうか？

また、ディーナーらは、学生の親の社会的階層と大学時代の明るさとの相互作用も報告している。データをよく見てみると、親が裕福な学生では、明るければ明るいほど19年後の年収が高いという結果が出た。親の年収がトップ16パーセントのグループを見てみると、明るさが一番低い群では年収が平均約550万円であったのに対し、最も明るい群ではなんと平均750万円を越えていた。つまり、一番暗い群と明るい群で、年収に200万円の差があった。ところが、親が労働者階級の学生では、大学入学時の明るさが一番低かった群（平均約448万円）と一番明るかった群（平均約540万円）で約100万円の差にとどまり、一番明るい群より、明るさで平均の群のほうが、わずかだが年収が多かった。この相互作用からも、明るさが必ずしも将来の収入に直結しないことが推察される。裕福な家庭に育ち、さまざまな機会に恵まれた人では、明るく積極的な人が成功し、明るければ明るいほどいいようであるが、それほど恵まれた環境に育たなかった人では、少々不満を持っているくらいの人のほうが、むやみに明るい人より成功する可能性が高いことが示唆される。ひとつには、モチベーションの問題であると思われるが、恵まれていない環境にいる時には、明るく前向きな人より、少々不満を持っている人のほうが、自分の環境をどうにか良くしようと努力・改善するのではないだろうか。ここでも、最適なレベルの幸福度は、一人一人が置かれている状況によって異なることが示されている。

将来の恋愛関係に最適な幸福度とは?

以上のとおり、あまりに現在の生活に満足しすぎている人は、年収や学歴といった達成度という面では、「ほぼ満足」という人に劣っているという結果が出ているが、対人面ではどうだろうか?

オーストラリアのデータでは、33歳時点でパートナーがいるかどうか、いるのであれば何年間にわたってそのパートナーとの関係が続いているのかも調査されたが、この点では、18歳時点での幸福感が高ければ高いほど、パートナーとの関係が長いという結果が得られた(図7)。18歳の時に最も幸せな人が、同じパートナーと長期間にわたる交際を続けていたり、長期にわたる結婚生活を送っていたりしていたわけだ。つまり、対人面においては、オーストラリアで行われた縦断的研究でも、イリノイ大学、世界価値調

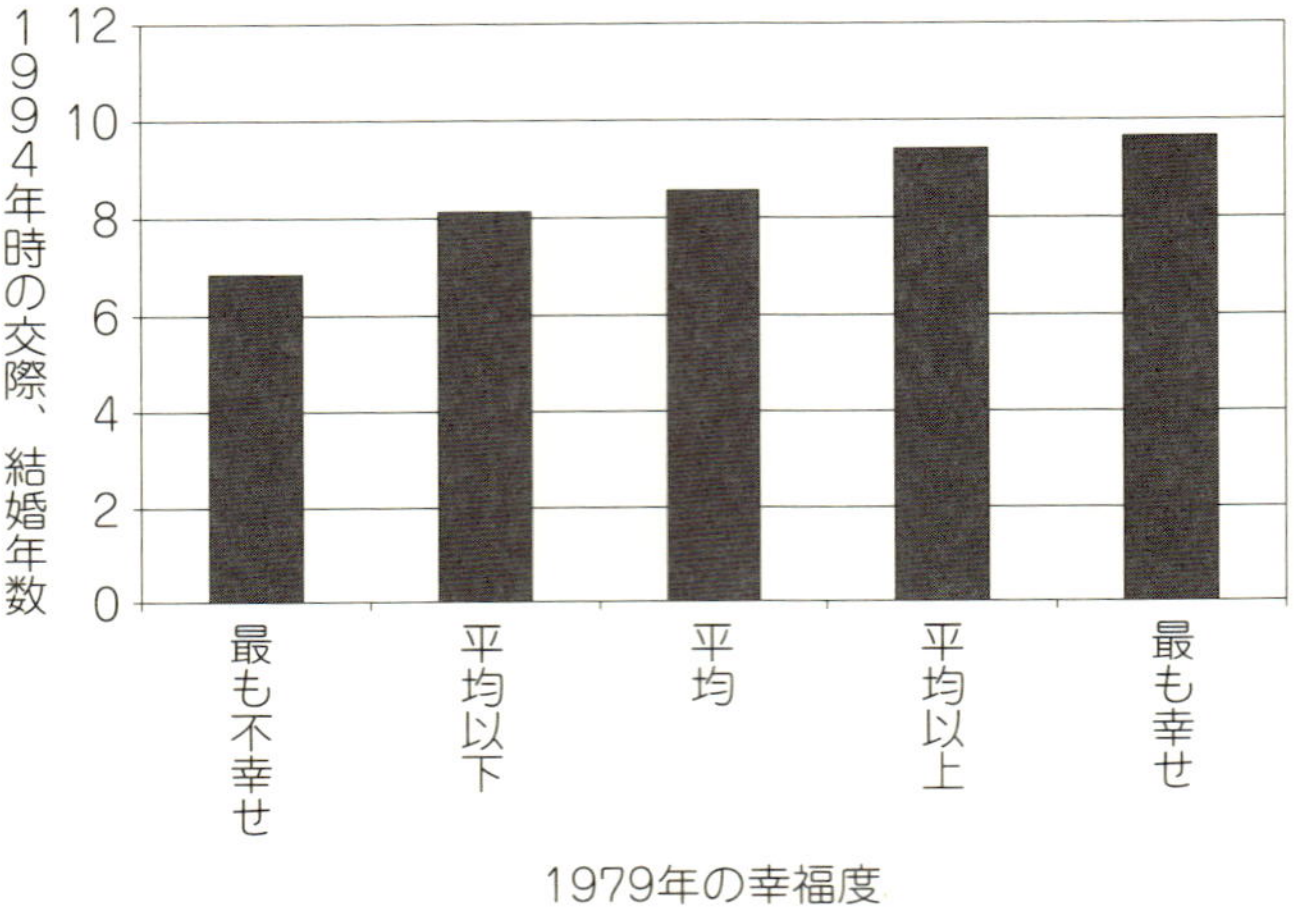

図７　18歳時点での幸福感と33歳時点での交際、結婚年数
（Oishi, Diener, & Lucas, 2007をもとに作成）

査での結果と一致する結果が得られたわけである。

達成分野と対人関係分野では、最適な幸福度が異なることが示されたが、どうしてそのような違いが生まれたのだろうか。まず、達成分野で完全に満足していない人のほうが、成績が良く最終学歴も高いというのは、理解しやすいであろう。現在の年収が２００万くらいでも、その生活に完全に満足している人は、より年収の高くなるような職を探したり、資格を取ったりしないだろう。つまり、完全に現状に満足していれば、自分を改善しようという意欲がなくなり、能力が同じくらいでも、完全に現状に満足していない人に比べ現状打破の試みが少なく、その結果、最終学歴や年収も低めになるのであろう。

ところが対人関係という面では、現状に完全に満足しているような人がパートナーとして望ましいということであるが、なぜそうなのだろうか。

そこで、これまでの対人関係の研究成果を簡単にまとめてみよう。ラスバルト[9]などの研究から、現在のパートナー以外の人に注意を注ぐと、現在のパートナーとの関係の維持に障害を起こすことがわかっている。実際、恋愛関係の安定性を調べてみると、現在のパートナー以外の人にどれくらい注意を払うかが、現在のパートナーとの関係維持に影響を与えることがわかる。現状に満足している人はおそらく自分のパートナーを理想化し、他の誰かに注意を注いだりしないのであろう。逆に、現状に完全には満足していない人は、パートナーに完全には満足せず、他により良いパートナーはいないかという探索活動を続ける人が多いからではないだろうか。サンドラ・マレイ教授らの研究で、パートナーの理想化が、結婚生活の安定度を予測することがわかっているので[10]、達成分野では「やや満足」や「ほぼ満足」が最も機能的であるが、対人関係の分野では「完全に満足」が最も機能的なのであろう。

実際、スポーツやビジネスで大成功した人々は、かつてのプロバスケットボールのスーパースター、マイケル・ジョーダンにしても、ツールドフランスで前人未到の7年連続優勝を果たしたランス・アームストロングにしても、有名な実業家ドナルド・トランプにしても、絶対に現状に満足しないという態度が常にあり、そういう姿勢があればこそ、あれほどの偉業をなしえたのであるが、彼らの私生活を見てみると、皆幸せな結婚生活を送ってきたとは言えない。ここでも、現状に満足しない態度は、夫婦生活のような対人関係の面では望ましくない態度なのであろう。

有名な映画『お熱いのがお好き』でジャック・レモンは、マフィアに追われ、女装して女性楽団にもぐりこんだダフネを演じた。最後のシーンで自分が実は男であることを恋人で大富豪のオズグッド3世に告白した時、オズグッド3世は「でも完璧な人間なんていないのだから」という印象的なセリフを残している。対人関係では、このような非完璧主義が大切な態度であることが、以上のデータからも見て取れる。

フロイトが言ったとおり、愛と仕事が人間の2つの重要課題であるが、この2つの課題で、最適な幸福度が違うというところがまた、人間の営みと幸福感の追求の難しいところである。仕事では、現状に満足せず、常に向上心を持ち続け、しかし対人関係では、現状に満足しようとする態度が必要とされるわけだが、この2つの課題で自分のモチベーションを自在に切り替えられる人が何人いるであろうか？　それこそ神業であるが、すべてを手に入れたいという欲張りな人は、モチベーションの切り替えを意識したほうが良いであろう。

第15章　幸せな社会とは？

理想の社会を求めて

これまでの章では、個人の幸せについて述べてきたが、最後に幸せな社会とは何かについて考察してみたい。

プラトンの『国家』からベンサムの『道徳と法令の原理』、さらにはフロイトの『文化への不満』やスキナーの『ウォールデン・ツー』まで、さまざまな理想の社会論が提示されてきた。プラトンの『国家』では、哲学者が国王になるか、国王が哲学者になることで、理想の国家が創造できると説かれた。もちろん、その根底には理性、知識、そして知恵による政治の重要性があり、そのような政治家を作るための教育の重要性も語られた。そして、理想の社会とは、良識を持った者がリーダーである社会であった。この点は、アリストテレスの『ニコマコス倫理学』や『政治学』でも似たような見解が見られる。ちなみにアリストテレスは、後のアレクサンダー大王の家庭教師だった。

孔子の『論語』は、よく知られているとおり、ところどころでどのように国を治めるか、望ましいリーダーの資質は何か、また、どのような国民の態度が安定した国作りに貢献するのかが説かれている。

18~19世紀のベンサムやミルになると、政治家の資質よりも、社会のシステムに焦点が当てられ、できるだけ数多くの国民を幸せにできるような社会が理想の社会であり、功利主義をあらゆる道徳と法令の原理とする哲学を築き上げた。また、フランス革命を機に生じたエドモンド・バークやルイ・ド・ボナルドの反革命派などの保守思想では、秩序の喪失、過度の個人主義が庶民の疎外感を強め、社会を不安定にするとして、社会秩序とグループへの忠誠を軸とした理想の社会像を説いた。ここでは、孔子と似た、親、夫、労働者などが自己の社会的役割を忠実に果たすことで社会の秩序が築かれ、そこから安定した家族とコミュニティが作り上げられ、結果的に一人一人のメンバーも幸せになれるという構図が作り上げられた。また、行動主義者のスキナーは、『ウォールデン・ツー』で行動主義に沿った社会、つまり行動が適度な報酬と処罰によって強化される理想の社会を論じた。

これらの理想の社会論が理性的であるのに対し、シグムント・フロイトは、『文化への不満』で、人間らしさと人間の本性が文化（さまざまな道徳観）によって妨げられ、そのために現代人は未開社会に住む種族ほど幸せではないと指摘した。また、社会的な抑圧が戦争を含めた自己破壊を導くと説き、暗に幸せな社会とは、人間の本性に忠実な生き方を許す社会だというラディカルな理想の社会像を提唱した。ルソーの『エミール』や、ソローの『ウォールデン』でも、フロイトほどのラディカルさはないが、本質的に自然で簡素な生活への復帰、そしてシンプルな社会が理想の社会だというテーマが見て取れる。第11章で取り上げた進化心理学者のデイヴィッド・バス[1]の、数千年前のような人間関係を持てる社会構造（100―200人くらいの集落）を理想化する理論も、ルソーやソローの自然派思想と同類であろう。

幸せな国はどこ?

このようにさまざまな理想の社会観が提唱されてきたが、果たして実際に庶民が幸せな社会とはどんな社会なのだろうか？　この章では、これまでに行われた大規模な国際比較調査の結果をもとに、この問題にアプローチしてみる。

ミシガン大学とギャロップ社が共同で行った「世界価値調査（世界の価値観研究）」は、前章に述べたとおり、おそらくこれまでに行われた最も大規模な国際比較調査である。この調査の焦点は政治的態度や価値観であるが、人生の満足度も10点法を使って測定されている。人生の満足度の高い国とは、いったいどんな国なのであろうか？　以下40ヵ国からの結果をディーナーとソ[2]をもとにまとめた（表8）。

この調査結果によると、最も満足度の高い国はスイスで、上位には北欧の国々が目立つ。また、最も満足度の低い国はブルガリアであり、その他の旧共産圏の国々の満足度の低さが目につく。ここにまとめたデータは1992年から1993年に取られたデータであり、1980年の終わりから1990年の初めは旧共産主義の国が崩壊し、民主化への過渡期、混乱した時期であった。保守的な哲学で知られるバークやボナルドの唱えるとおり、社会的安定性、秩序が崩壊した社会は、最も不幸せな社会と言えそうだ。つ

表8　「人生の満足度」国別ランキング

1. スイス	8.39	21. ポルトガル	7.10
2. デンマーク	8.16	22. 中国	7.05
3. アイスランド	8.02	23. フランス	6.76
4. スウェーデン	7.97	24. 韓国	6.69
5. カナダ	7.88	25. ポーランド	6.64
6. アイルランド	7.87	26. 日本	6.53
7. オランダ	7.84	27. トルコ	6.41
8. オーストラリア	7.74	28. ナイジェリア	6.40
9. アメリカ	7.71	29. チェコ	6.30
10. ノルウェー	7.68	30. スロベニア	6.29
11. フィンランド	7.68	31. 南アフリカ	6.22
12. ベルギー	7.67	32. インド	6.21
13. チリ	7.55	33. ハンガリー	6.03
14. イギリス	7.48	34. リトアニア	6.01
15. メキシコ	7.41	35. エストニア	6.00
16. ブラジル	7.39	36. ルーマニア	5.88
17. アルゼンチン	7.25	37. ラトビア	5.70
18. イタリア	7.24	38. ベラルーシ	5.52
19. ドイツ	7.22	39. ロシア	5.37
20. スペイン	7.13	40. ブルガリア	5.03

（Diener & Suh, 1999 より）

まり、フランス革命以降個人主義が強まったが、反革命派の思想にも一理有りという結果が見られたわけだ。

幸せな国の特徴

世界価値調査のほかにも大規模な国際比較調査が行われているが、概してこのランキングと似かよった結果が多い。たとえば、エド・ディーナーと娘のマリサ・ディーナー、そして妻（イリノイ大学教授）キャロル・ディーナーがまとめた研究結果によると[3]、55ヵ国中、アイスランドが1位、スウェーデンが2位、オーストラリアが3位、デンマークが4位、カナダが5位、スイスが6位で、アメリカが7位であった。ちなみにこのデータでは、日本は55ヵ国中42位であった。

このディーナーらの調査では、幸せランキングの予測要因が何かも検証されている。まず、予想どおり、国の豊かさの指標となる国内総生産や購入力（国民総生産だけではなく、物価を考慮に入れた指標）と幸せランキングの相関が0・58と0・61と非常に高かった。言うまでもなく、これは全般的に豊かな国が幸せな国であったことを意味するが、日本と韓国がその例外であり、国の経済的豊かさにもかかわらず、国民の幸福感は他国と比べ低い。

これにはさまざまな理由が考えられるが、日本や韓国は究極のエリート社会であり「成功」のかたちが一流大学へ行って一流の会社へ就職することに制約されている。アメリカでは、アイビーリーグに行かなくても、成功への道は数多い。たとえば、コミュニティカレッジから4年制の大学への編入も頻繁であるし、地元の州立大学を出てロースクール、医学学校に進む人も多い。また、アメリカやヨーロッパでは他人の基準ではなく、自分の基準で勝手に自分は成功したと思える文化であるが、日本や韓国ではこれがなかなかそうもいかない。つまり、他人に、世間に認められたいという意識が日本人や韓国人では強いからだろう。日本では、一度失敗するとやり直しが利かないという意識が強く、夢も持ちにくい。楽観的に生き難い社会なのだ。また、日本や韓国では、対人関係でも上下関係がきちんと成立しているため、本当はやりたくないけれどやらなければならないということに費やす時間が、他の欧米諸国に比べて多いのではないだろうか。

また、日本や韓国の都市住民は、通勤時間も長く欧米諸国の住民に比べてストレスも多い。日本では全人口の約10％が東京、韓国では全人口の約20％がソウルに集中しており、大都市での住環境を圧迫している。このような首都圏への人口の集中化は、地方都市や郊外で魅力のある仕事を増やしていかない限り、修正不可能であろう。日本人や韓国人の間ではやはり東京、ソウルでなければダメだという意識を持っている人が本当に多い。自分の住みたい街で自分のやりたいことをして、自分の理想のライフスタイルで生きている人の割合が、日本や韓国では欧米諸国に比べ低いのかもしれない。

最後に、日本人や韓国人は向上心が強い分、自分にも他人にも厳しい人が多い。何かの技術を身につけたり、極めるためには向上心は不可欠であるが、幸福感という面ではやはり、自分へのやさしさ、甘さも忘れてはならない。先述の「適度でオーケー派」の気持ちを持つ人の割合が増えれば、日本人や韓国人の人生への満足度も少し高まるかもしれない。

さて、国の経済力に加え、人権の保護も幸せのランキングとの相関（0・48）を見せた。やはり国民の不満が強い国（たとえば、カメルーン）は、言論の自由が保証されていなかったり、政治的抑圧の強いことが多かった。また、年収の格差が少ない国で、国民の幸福感も高い（0・43）という結果が出ているから、豊かさだけではなく、公平感も国民の幸福感を促進する要因だと考えられる。最後に、経済力や人権保護と相関の高い「個人主義」（これは、比較文化研究の第一人者でイリノイ大学教授のハリー・トリアンデスによる評定と、ヘールト・ホフステードによって行われた過去の価値観研究の結果、それに離婚率を加えて算出されたスコア）は、幸せのランキングとなんと0・77という高い相関を示した。

これらのデータは、実験的手法を用いて得たデータではないので、そこから因果関係を推測するのは危険だが、国民の不幸せが政治的抑圧や人権の抑圧を招いたり、経済的停滞を呼ぶとは考えにくいので、以下これらが予測要因であるという仮定で議論を進める。

これらディーナーらの研究結果を総括すると、国民の幸福感の高い国とはやはり個人の経済的、対人的、政治的、そして知的活動を促進するような社会的システムの整った国と言えよう。国の経済力が乏しい国では、職業の選択肢も乏しいし、失業率も高い。ミシガン州立大学教授のリチャード・ルーカスがドイツで行った大規模な追跡調査でも、失業者の幸福感が失業前よりもかなり低くなること、そしてたとえ再就職したとしても、以前のレベルまで戻る人が少数派であることが発表されている[4]。アメリカに比べればドイツの失業者に対する社会福祉が整っていることに鑑みると、失業保険などのシステムの整っていない国では、失業の幸福感に及ぼす影響はさらに熾烈であることが予想される。ここからも、社会としてできる限り多くの人が職にありつけるような政策を取るか、また失業者の保護に力を入れるかは、功利主義のゴールである最多数の国民を幸せにする国作りを実現するためには、重要な政治的課題であると言えよう。

幸せのランキングの高い国では、リュボマースキー教授[5]が唱えるように、実力があり、努力さえすれば成功が手に入れられる社会的システムが整っているようである。このような国では、経済活動も盛んで、個人の人権を重視するところが多く、将来の設計も立てやすく、明るい未来も想定しやすいのであろう。個人主義が幸せのランキングと高い相関を見せたが、最も幸せな国には、アメリカのような「勝者がすべてを取る」という報酬のシステムよりはむしろ、スイス、スウェーデン、デンマークといった社会福祉（平等主義）を重視する国が目立つ。ここでも、能力があれば、出生の如何にかかわらず、成功するチャンスが与えられるが、弱者にもやさしい「最多数の者が幸せである」社会（つまりベンサム功利主義の目標にかなう）が、理想の社会と言えるようだ。また、以上のデータをもとにすれば、フロイトやルソーが唱えるシンプルな社会が幸せとは必ずしも言えないようである。シンプルな社会は、政治的あるいは経済的に不安定な国であることが多いからだろう。

面白いところでは、どれくらい世界の国々が腐敗しているかという腐敗指標があるが、この指標と上記の幸せ世界ランキングとの相関係数を算出したところ、実にマイナス0・76という高い負の相関が見られた。言うまでもなく、賄賂を使うか、個人的なコネを利用するかしか成功への道が開かれていない国では、当然国民の満足度も低いであろう。

賄賂がはびこっている社会では、他人を信頼できないという弱点がある。ルールが曖昧であるのだから、見知らぬ人を信頼することは難しい。また、日常生活でだまされることが頻繁にあれば、他人を信頼することは難しくなるであろう。海外旅行を豊富に体験した人は、タクシー料金からペットボトルの水まで、さまざまな料金が曖昧な国が多くあり、だまされた、あるいはだまされたも同然の体験をしたことも多いのではないだろうか。有名なシカゴ大学の社会学者ジェイムズ・コールマン教授が「社会的資本」理論で、健全な社会の構築には、他人を信頼できることが基礎になると言っているが[6]、この信頼なしには血縁関係を超えた人間関係を作ることは難しく、柔軟な経済的活動も達成し難い。

北海道大学の山岸俊男教授が、日本は家族と血縁関係を中心とした「安心社会」であり、もっと開かれた「信頼社会」を目指す必要があると説いているが[7]、間違いがないこと、損失を最小限にすることを目標にした場合、知り合いや知り合いの知り合いとしか経済活動でも付き合わない傾向に陥る。そこには、自分と自分の家族、そして知人の幸せだけしか気にしない、見知らぬものには冷たい社会の構図がある。

最大限の国民が幸せになれるような社会を創ろうとすれば、山岸教授やフランシス・フクヤマ教授が唱えるとおり[8]、狭い意味での家族主義を克服する必要がある。実際、トヴとディーナー[9]によると、一般的信頼（他人に対する信頼）が高い国で、国民の幸福感も高いという結果が出ている。

つまり、世界価値調査の結果を見ると、個人の自由を重視しながらも、安定した、信頼できる対人関係の基盤のある社会が、最も幸せな社会（あるいは国民を幸せにする、国民の幸福の追求を手助けする社会）と言えるのかもしれない。

うまく機能しているコミュニティとは？

ここまでは、個人の自己報告に基づく幸福感の国際比較をしてきたが、うまく機能している社会の特徴は、幸福感の自己報告の平均値からだけではわからない部分も多い。つまり、国民の平均的幸福感が高い国は、実際うまく機能しているのだろうか？　地域社会というレベルで見た場合、うまく機能している社会とは、必要な時にお互いを助け合い、政治的な関心も高く、地元意識の強いコミュニティと言える[10]。たとえば、水不足という地域社会全体にかかわる問題が生じたとする。うまく機能している社会では、住民の多くが水の利用量をなるべく下げるように努力するであろう。もし住民が水の利用量の削減に参加せず、身勝手な行動に走れば、コミュニティの存続が危うくなるからである。

社会学や政治学で、これまでにうまく機能している地域社会のさまざまな特徴が報告されているが、ハーバード大学の社会学者ロバート・サンプソン教授は、住居の安定性が地域社会の「健康」に貢献することを一連の研究で示している。専門誌『サイエンス』に掲載された論文[11]では、シカゴの343の地区における犯罪率を分析したが、予想どおり住居の流動性が高い地区は住居の安定性が高い地区より犯罪率が高いことがわかった。この住居の流動性と犯罪率との相関は、地区の住民の平均年収や平均年齢などを統計的にコントロールしても存在し、住人がころころと変わる地区は危険な地区だということがわかっている。ちなみに、住居の流動性と犯罪率との相関はイギリスの大規模な研究でも出ているので、シカゴに限った結果ではない[12]。

しかし、なぜ住民が頻繁に変わる地域では治安が悪いのであろうか？　サンプソンらによると、住民が頻繁に変わるような地域では、犯罪行為をインフォーマルに監視する力が弱まるからだという。うまく機能している地域では、犯罪行為が起こりそうになるとすぐに住民がその場で犯罪を阻止しようとする動きが起こることが多い。ジェイン・ジェイコブス[13]の『アメリカ大都市の死と生』で鮮明に描写されているとおり、インフォーマルな監視力のある地域では、歩道で5、6歳くらいの女の子が中年の男から逃げようとするシーンが発覚すると肉屋の親父がすぐ走ってきてその中年の男を問いただしたりする。また、そのような自発的な反応が将来の犯罪も予防することになるという。サンプソンらは、シカゴの343地区に住む住民から自己報告のデータも取ったが、犯罪率が低く、住居の安定性が高い地区では、子供たちが学校をさぼっていたり、落書きしていたり、大人に逆らっているのを見つけたら、近所の人が干渉に入る可能性が高いことが報告されている。住居の流動性の激しい地域では、近所の人がそのような干渉に入らないらしい。また、全般的に、居住の安定性の高い地域では、隣人が仲良く、お互いに信頼しているという。このように、居住の安定性は、地域での信頼関係を築く土台をなしており、このような信頼関係から集合的な防衛力が強められていることがわかる。

犯罪率が低いことはもちろん望ましいことではあるが、治安が良いからと言って必ずしもうまく機能している地域とは言えない。たとえば、退職者が密集する地域では、犯罪率は低いが水不足のようなコミュニティレベルでの問題が生じた際、住民がどれくらいコミュニティのために自分の水の利用量を下げるよう努力するかは、疑問である。

大石ら[14]は、コミュニティの機能性を検討するために、住居の安定性とプロコミュニティな（つまりコミュニティのためになるような）行動との関係を調べてみた。まず、ミネソタにいた時に“Critical Habitat”というナンバープレートの車をたまに目にしていたので、同僚にそれが何なのかを聞いたところからこの研究が始まった。その同僚によると、車の登録料を毎年州から取られるが、30ドル余計に払うと、“Critical Habitat”のナンバープレートがもらえて、その30ドルはすべてミネソタ州の州立公園や動物の生育地を保護する財団に寄附されるということであった。

これは、まさにプロミネソタ行為なので、早速自動車の登録を扱う州の機関に相談して、Critical Habitat のナンバープレートを購入した人の住所を教えてもらった。ミネアポリスとセントポールの両都市とその周辺の7郡を調査したが、約260万人の住民のうち、実に5万5千人以上の人がこのナンバープレートを購入していた。購入者の住所から郵便番号の地域に分けて、それぞれの郵便番号の地域に登録されている車の何パーセントが Critical Habitat のナンバープレート保持者かを計算した結果、予想どおり、住居の安定性の高い地域のほうが住居の安定性が低い地域よりも、このナンバープレートの車の率が高かった。この差は、それぞれの地区の平均年収や過去の大統領選での共和・民主両党への献金額比率を統計的にコントロールしても得られた。つまり、住居の安定性の高い地域では、地域の自然保護に貢献するような行為が、安定度の低い地域よりも頻繁に見られたわけである。コミュニティの立場から見れば、やはり Critical Habitat のナンバープレートを購入する人が多いコミュニティのほうがそうでないコミュニティよりうまく機能するはずであり、住居の安定性がプロコミュニティ行動の重要な要因であることが見て取れる。

さらに自分の住む地域に貢献する態度が強ければ、地元の野球チームの応援も、チームの成績にかかわらず行われることが予想される。そこで、大石ら[15]では、アメリカの大リーグ28チームのホームゲームの観客数を年間通して集め、それぞれのチームでどれくらいホームゲーム直前までの成績と観客数とが相関しているかを分析してみた。ここでも予想どおり、アリゾナ州のフェニックスやフロリダ州のマイアミのように住居の流動性の高い都市では、観客数はチームの調子がいい時は多いが、チームが負けこむと下がるという傾向があった。ところが、ペンシルバニア州のピッツバーグやフィラデルフィアのように住居の安定性が高い都市では、逆にチームが負けこんでいる時にこそ観客数が上がるという、プロコミュニティな結果が得られた。負けがこんできた時に客が来ないチームでは存続が危うく、コミュニティからチームがなくなってしまうという事態になりかねない。ナンバープレートとはまったく異なる地元の野球チームの応援という場面でも、住居の安定性が有効な変数であることがわかった。

この大石らの研究では、さらに実験室でメンバーが安定したグループと不安定なグループを作り、メンバー同士がどれくらい助け合うかも調べた。つまり、実験室で住居の流動性の高いコミュニティと安定性

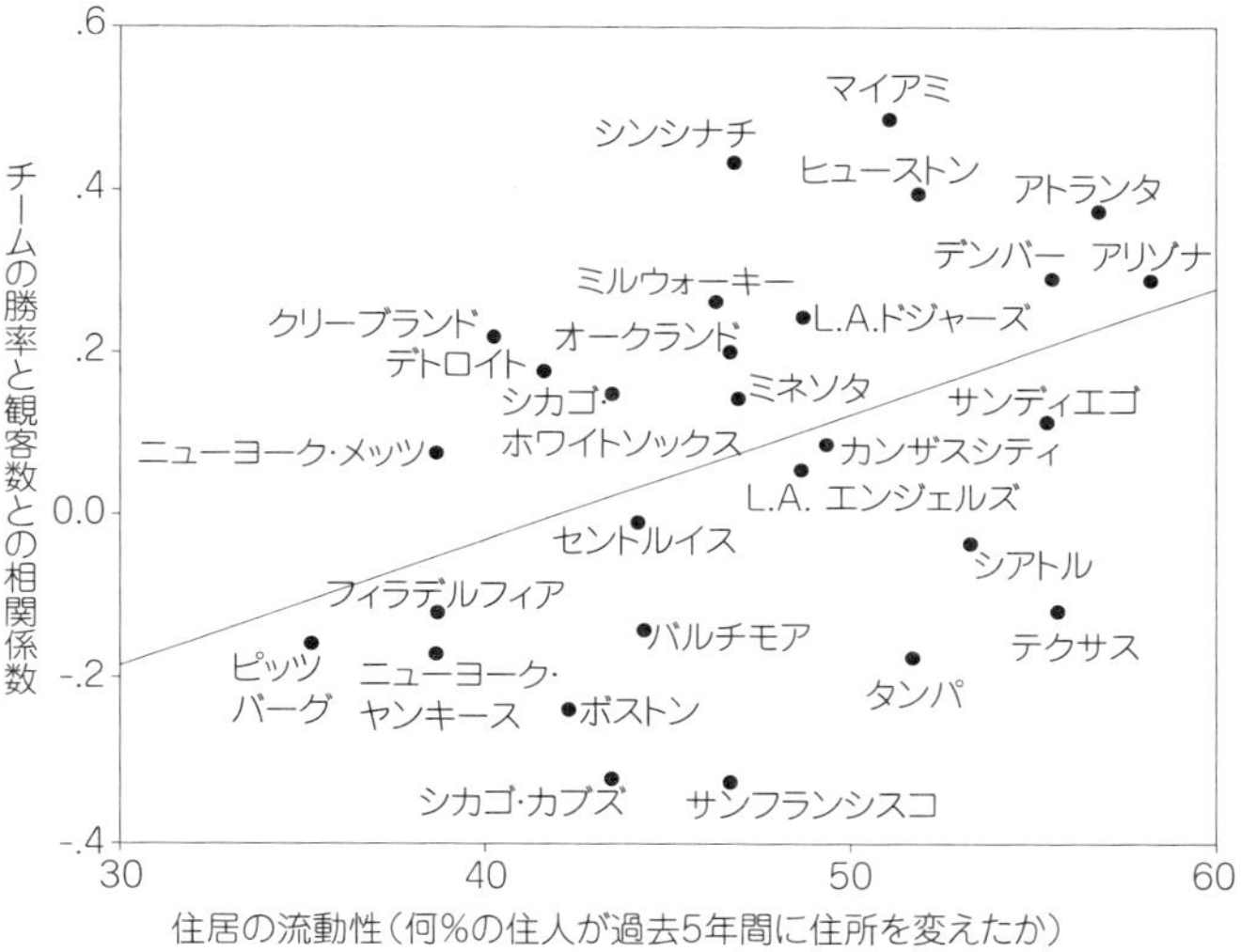

図８　都市の住居流動性と野球チームの勝率、観客数との相関
（Oishi, Rothman, et al., 2007, Study 2 より）

の高いコミュニティを作り、被験者をランダムにどちらかのコミュニティに住ませた。それぞれのグループにサクラ（実験協力者）を一人入れて、最後の豆知識テストの課題で、無知な被験者の役を演じさせた。この豆知識テストで成績の良かった人が、ネット通販サイト、アマゾンのクーポン10ドル分をもらえることになっていたので、他のメンバーを助けることは自己利益に反することになる。この課題の遂行期間中、それぞれの被験者がどれくらいサクラと他の被験者の手助けをするかをビデオで録画したところ、ここでも予想どおり、安定したグループのメンバーのほうが不安定なグループのメンバーより、お互いに助け合うという結果が得られた。また、このグループの安定性から相互援助行為への因果関係は、グループへの帰属意識の高さによって説明できた。つまり、安定したグループは、メンバーのグループへの帰属意識を高め、その帰属意識が相互援助行動へと繋がることが、実証的に示されたわけだ。

これらの研究を総括すると、コミュニティの安定度がコミュニティの機能性、ウェルビーイングに繋がることが見て取れる。しかし、個人の次元で考えると、住居の安定性は、居住の自由の対極とも見て取れる。つまり、個人が自己の幸福を追求するならば、よりよい教育のため、より望ましい仕事を得るために別の町へ移り住むことが原則となり、それが不可能であれば少なくとも現代では、個人レベルでの幸福感はありえない。アメリカと日本の憲法で掲げられた幸福を追求する権利の保証は、幸福を追求するために住居を自由に移転できるという前提に立つ。アメリカでは毎年全人口の20パーセントが住所を変えるという状態である[16]。これが過剰な流動性なのかどうかは未だに評定不可能であるが、少なくとも大石らの研究結果は、個人の自己利益の追求が時によっては、コミュニティの機能性を阻害しうることを示唆している。そしてこの自己利益の追求とコミュニティの利益が相容れない関係を示していることは、個人と地域社会の幸福感を同時に高めることの難しさを浮き彫りにしている。

経済学では、アダム・スミスの『国富論』[17]以来、自己利益の追求が社会全体の利益へと繋がるという前提で多くの理論が築かれ、実際さまざまな領域で自己利益の追求が社会全体にとっても最も好ましい結果を生むという報告がなされてきた。しかし大石ら[18]の結果は、自己利益の追求の社会全体に及ぼす影響が、幸福感においてはさまざまな経済活動とは異なることを示している。これらの知見から、住居の流動性もどれくらいまでが社会の推進剤になり、どれくらいからが社会の機能を麻痺させる毒薬となるのかを実証的に研究していく必要がある。理想の社会を考えるうえで、個人の幸せと社会の機能性を考慮に入れると、個人の流動性と社会の安定性の均衡点が、ひとつの答えを与えてくれるかもしれない。

おわりに

本書の冒頭の引用にもあるように、紀元前4世紀のギリシャの哲学者アリストテレスは、その著書『ニコマコス倫理学』で幸福について正面から議論した。そのため最初の幸福学者だったと言われる[1]。その後、約2400年にわたって、さまざまな哲学者、思想家たちの間で盛んに幸福について議論されてきた。このことからも、幸福とは何かが西洋思想史上最も重要なテーマのひとつであったことは確かである[2]。にもかかわらず、幸福感についての本格的な実証研究が始まったのは1980年代初頭に過ぎない。なぜ、2400年にもわたり、実証的に研究する取り組みが行われなかったのだろうか?

心理学における幸福感研究の第一人者は、私のイリノイ大学の大学院時代のアドバイザーでもあるエド・ディーナー教授だが、彼によれば1970年代までは、幸せは実証的に研究できるようなトピックとは見なされていなかったそうだ。それは、「神は存在するか」といった哲学的な問題と同類だと見なされており、そのような問題に取り組んでも時間の無駄だと思われていたらしい。ディーナー教授は、心理学の一流雑誌に論文を載せ続けていたにもかかわらず、幸せを研究していたことが理由で准教授から教授への昇進に同期より2年ほど長くかかったというのも、今からすると驚きの話である。1990年代に入るまで、幸福感の研究は正当な研究課題とは見られていなかったのだ。

２００2年に経済学でノーベル賞を受賞した心理学者のダニエル・カーネマン教授が１９９0年初頭から幸福感の研究に加わったのは、その点でも幸福感の研究を正統化するはずみとなった。この本では、過去30年間に及ぶ実証心理学における幸福感の研究の成果を振り返ってみたが、ほとんど白紙の状態から始まったにもかかわらず、幸福感についての知識はこの間に急激に深まってきた。これも、幸福感に関心を持つ心理学者が増えたからであろう。私が博士課程を始めた１９９5年当時と比べても、現在アメリカ心理学界で幸福研究をしている人の多さには驚かされてしまう。10年ほど前まで、「幸せ研究をしてるなんて珍しいね」とよく言われたものであるが、今では、「あなたも幸せ研究をしてるのね」と言われるくらいである。

これまで、ミネソタ大学とヴァージニア大学の大学院で幸福感のセミナーを何度も教えてきたし、個人的な研究の焦点も常に幸福感にあったので、このトピックについては熟知していたはずであるが、この本を書いて改めて感じたことは、まず第一に、心理学って捨てたもんじゃないなあということだった。普段は心理学の限界を感じる機会も多いが、哲学者や政治思想家が数千年にわたって議論してきた複雑な問題を、心理学がこうやって実証可能にしたのであるから（もちろん、社会学もそうであるが、心理学の手法は脳や表情など多岐にわたり、社会学より幅広い分、貢献度も大きい気がする）、その点には、私自身改めて感心させられた。読者の方々にも、心理学という学問が幸福感という複雑な問題に実証的にアプローチし、その理解を深めていることを知っていただければ幸いである。

また、心理学者の研究は個人に焦点を合わせがちだが、幸福感の研究では、個人の幸福感の予測要因にとどまらず、幸福の利点〔3〕、最適な幸福度〔4〕、また幸福な社会〔5〕という幅広い社会的問題まで、実証的な研究が行われてきた。実際、プリンストン大学のダニエル・カーネマン教授、イリノイ大学のエド・ディーナー教授、そしてペンシルバニア大学のマーチン・セリグマン教授という心理学界の超大物たちが、揃って近年、GNPに対応するような国民の幸福感の指標作りに政治家が取り組むべきだという論文を発表し[6]、アメリカだけでなく、世界各国で注目を浴びているのも興味深い。幸せは、個人の目標だけではなく、社会の目標でもありえるのだ。

幸福感は、伝統的には哲学、心理学、社会学で取り扱われることが多かったが、今や多くの経済学者や政治学者もこのトピックに注目し、興味深い研究を行っている。もし、5年後、10年後にもう一度幸福感についての実証的研究成果をまとめる機会があれば、今度は実証「心理学」的検証ではなく、実証「社会科学」的検証になるであろう。その意味でも、この本が日本でも注目を浴び始めている幸福感研究に、日本の経済学者、政治学者の参加を促し、拍車をかける一助になればと願っている。

著者紹介

大石繁宏（おおいし しげひろ）

1993年国際基督教大学教養学部心理学科卒業後渡米。1995年コロンビア大学カウンセリング心理学修士号，2000年にイリノイ大学社会・人格心理学博士号取得後，2000年から2004年までミネソタ大学心理学部で助教授を務める。2004年より2006年までヴァージニア大学心理学部助教授，現在同大学教授。2006年アメリカ心理学会より「ディスティングイッシュト・サイエンティスト・レクチャーシリーズ」の講師に選ばれる。現在，学会誌『パーソナリティ・アンド・ソーシャルサイコロジー・ブレティン』の副編集長。また『ジャーナル・オブ・パーソナリティ・アンド・ソーシャルサイコロジー』ほか，数々の社会心理学，文化心理学，パーソナリティ心理学の学術誌の編集委員も兼任している。

新曜社
幸せを科学する
心理学からわかったこと

初版第1刷発行　2009年 6 月 1 日
初版第9刷発行　2022年12月 1 日

著　者　大石　繁宏
発行者　塩浦　暲
発行所　株式会社　新曜社
101-0051
東京都千代田区神田神保町 3-9 幸保ビル
電話（03）3264-4973（代）・FAX（03）3239-2958
E-mail：info@shin-yo-sha.co.jp
URL：https://www.shin-yo-sha.co.jp/
印刷所　長野印刷商工
製本所　積信堂

ISBN978-4-7885-1154-5　C1011

人名索引

◆マ　行

◆ヤ　行

◆ラ　行

◆ワ　行

事項索引

◆な　行

◆は　行

◆ま　行

◆や　行

◆ら　行

注

第 1 章

[1] Kitayama, S., & Markus, H. R. (2000). The pursuit of happiness and the realization of sympathy: Cultural patterns of self, social relations, and well-being. In E. Diener, & E. M. Suh (Eds.) *Culture and subjective well-being*. Cambridge, MA: MIT Press, pp.113-164.

[2] アメリカにおける定義については、Diener, E., Suh, E. M., Lucas, R. E., Smith, H. E. (1999). Subjective well-being: Three decades of progress. *Psychological Bulletin, 125*, 276-302 を参照。

[3] Kunzmann, U., & Baltes, P. B. (2003). Wisdom-related knowledge: Affective, motivational, and interpersonal correlates. *Personality and Social Psychology Bulletin, 29*, 1104-1119.

[4] Diener, E., Scollon, C. N., Oishi, S., Dzokoto, V., & Suh, E. M. (2000). Positivity and the construction of life satisfaction judgments: Global happiness is not the sum of its parts. *Journal of Happiness Studies, 1*, 159-176.

[5] Suh, E., Diener, E., Oishi, S., & Triandis, H. C. (1998). The shifting basis of life satisfaction judgments across cultures: Emotions versus norms. *Journal of Personality and Social Psychology, 74*, 482-493.

[6] Schimmack, U., Oishi, S., & Diener, E. (2002). Cultural influences on the relation between pleasant emotions and unpleasant emotions: Asian dialectic philosophies or individualism-collectivism? *Cognition and Emotion, 16*, 705-719.

[7] Eid, M., & Diener, E. (2001). Norms for experiencing emotions in different cultures: Inter-and within-nation differences. *Journal of Personality and Social Psychology, 81*, 869-885.

[8] Oishi, S. (2007). The application of structural equation modeling and item response theory to cross-cultural positive psychology research. In A. Ong, & M. van Dulmen (Eds.), *Oxford handbook of methods in positive psychology* (pp.126-138). New York: Oxford University Press.

[9] 上掲 [7].

[10] Heine, S. J., Lehman, D. R., Markus, H. R., & Kitayama, S. (1999). Is there a universal need for positive self-regard? *Psychological Review, 106*, 766-794; 溝上慎一（編）(2001). 大学生の自己と生き方　ナカニシヤ出版；尾崎仁美・上野淳子 (2001). 過去の成功、失敗経験が現在や未来に及ぼす影響　大阪大学大学院人間科学研究科紀要 , 27, 63-87.

[11] Suh, E. M., & Koo, J. (2007). Comparing subjective well-being across nations: Theoretical, methodological, and practical challenges. In M. Eid & R. J. Larsen (Eds.), *Handbook of subjective well-being* (pp.414-427). New York: Guilford.

[12] Lyubomirsky, S. (2000). In the pursuit of happiness: Comparing the United States and Russia. A paper presented at the annual meeting of the Society of Experimental Social Psychology. Atlanta, GA.

[13] Bruner, J. (1990). *Acts of meaning*. Cambridge, MA: Harvard University Press.; Triandis, H. C. (1995). *Individualism and collectivism*. Boulder, CO: Westview Press.

[14] Twenge, J. M., & Campbell, W. K. (2001). Age and birth cohort differences in self-esteem: A cross-temporal meta-analysis. *Personality and Social Psychology Review, 5*, 321-344.

[15] Nisbett, R. E., Peng, K., Choi, I., & Norenzayan, A. (2001). Culture and systems of thought: Holistic versus analytic cognition. *Psychological Review, 108*, 291-310.

第２章

[1] Eudaimonia. 英語では Happiness と訳されることが多いが、ギリシャ語のもともとの意味は “Daimon”（魂）が入っていることで、最近は Well-lived life（よく生きている）や Flourishing（開花する）と訳されることも多い。

[2]　Thomson, J. A. K. (1953). *The ethics of Aristotle: The Nicomachean ethics*. London: Penguin Books.

[3]　Nussbaum, M. C. (1986). *The fragility of goodness*. New York: Cambridge University Press.; 上掲 [2].

[4]　例として、障害者は幸せな生活は送れないという、現代では差別とも言える内容のことを述べている。

[5]　Nussbaum, M. C. (1986). 上掲 [3].

[6]　Kahneman, D., Diener, E., & Schwarz, N. (1999). *Well-being: The foundations of hedonic psychology*. New York: Russell Sage.

[7]　Nozick, R. (1989). *The examined life*. New York: Touchstone.

[8]　Ryff, C. D. (1989). Happiness is everything, or is it? Exploration on the meaning of psychological well-being. *Journal of Personality and Social Psychology, 57*, 1069-1081.

[9]　Ryan, R. M., & Deci, E. L. (2001). On happiness and human potentials: A review on hedonic and eudaimonic well-being. *Annual Review of Psychology, 52*, 141-166.

第３章

[1]　金谷治（訳注）(1963). 論語　岩波文庫 .

[2]　同上書 .

[3]　同上書 , pp.19-20.

[4]　同上書 , p.22.

[5]　西田幾多郎 (1950). 善の研究　岩波文庫 .

[6]　上掲 [1], p.8.

[7]　上掲 [1], pp.34-35.

[8]　Haidt, J. (2006). *The happiness hypothesis: Finding modern truth in ancient wisdom*. New York: Basic Books.

第４章

[1]　金谷治（訳注）(1963). 論語　岩波文庫 .

[2]　Lu, L., & Gilmour, R. (2004). Culture and conceptions of happiness:

Individual oriented and social oriented SWB. *Journal of Happiness Studies, 5,* 269-291.

[3] Tsai, J. L., Knutson, B., & Fung, H. H. (2006). Cultural variation in affect valuation. *Journal of Personality and Social Psychology, 90,* 288-307.

[4] Boyd, R., & Richerson, P. J. (1985). *Culture and the evolutionary process.* Chicago, IL: University of Chicago Press.

[5] Guthrie, E. R. (1935). *The Psychology of Learning.* New York: Harper.

[6] 藤永保 (1979). 心理学とその時代　波多野完治・藤永保（編）心理学のすすめ (pp.41-107). 筑摩書房.

[7] Kitayama, S. (2002). Culture and basic psychological processes? Toward a system view of culture: Comment on Oyserman et al. 2002. *Psychological Bulletin, 128,* 89-96.

[8] 藤永保 (1997). 心理学と文化のかかわり：歴史のなかから　柏木惠子・北山忍・東洋（編）　文化心理学：理論と実証　(pp.3-16). 東京大学出版会.

[9] Markus, H. R., & Kitayama, S. (1998). The cultural psychology of personality. *Journal of Cross-Cultural Psychology, 29,* 63-87.

[10] Markus, H. R., & Kitayama, S. (2003). Culture, self, and the reality of the social. *Psychological Inquiry, 14,* 277-283.

[11] Kim, H., & Markus, H. R. (1999). Deviance or uniqueness, harmony or conformity? A cultural analysis. *Journal of Personality and Social Psychology, 77,* 785-800.

[12] Iyengar, S. S., & Lepper, M. R. (1999). Rethinking the value of choice: A cultural perspective on intrinsic motivation. *Journal of Personality and Social Psychology, 76,* 349-366.

[13] Schwartz, B., Markus, H. R., & Snibbe, A. C. et al., (Feb 26th, 2006). Is freedom just another word for many things to buy? New York Times Magazine.; Iyengar, S. S., Wells, R. E., & Schwartz, B. (2006). Doing better but feeling worse: Looking for the "best" job undermines satisfaction. *Psychological Science, 17,* 143-150.

[14] Iyengar, S. S., & Lepper, M. R. (1999). Rethinking the value of choice: A cultural perspective on intrinsic motivation. *Journal of Personality and*

Social Psychology, 76, 349-366. 日本でも同様の結果が出ている。藤永保(1990). 幼児教育を考える　岩波新書. 参照。
[15]　Oishi, S., & Diener, E. (2001). Goals, culture, and subjective well-being. *Personality and Social Psychology Bulletin, 27*, 1674-1682.
[16]　Snibbe, A. C., & Markus, H. R. (2005). You can't always get what you want: Educational attainment, agency, and choice. *Journal of Personality and Social Psychology, 88*, 703-720.
[17]　上掲 [13].
[18]　Diener, E, & Diener, M. (1995). Cross-cultural correlates of life satisfaction and self-esteem. *Journal of Personality and Social Psychology, 68*, 653-663.
[19]　Markus, H. R., & Kitayama, S. (1991). Culture and the self: Implications for cognition, emotion, and motivation. *Psychological Review, 98*, 224-253.
[20]　Uchida, Y., Kitayama, S., Mesquita, B., Reyes, J. A. S., Morling, B (in press). Is perceived emotional support beneficial? Well-being and health in independent and interdependent cultures. *Personality and Social Psychology Bulletin.*
[21]　Yuki & Schug, (2007). Schug, J., Yuki, M., Horikawa, H., & Takemura, K. (in press). Similarity attraction and actually selecting similarities: How cross-societal differences in relational mobility affect interpersonal similarity in Japan and the United States. *Asian Journal of Social Psychology.*
[22]　Schmitt, E. (2001, August 6th). Census data show a sharp increase in living standard. New York Times. www.nytimes.com/2001/08/06/national/06CENS.html.
[23]　Yuki, M. (2003). Intergroup comparison versus intragroup relationships: A cross-cultural examination of social identity theory in North American and East Asian. *Social Psychology Quarterly, 66*, 166-183.
[24]　Adams, G., & Plaut, V. C. (2003). The cultural grounding of personal relationship: Friendship in North American and West African worlds.

Personal Relationships, 10, 333-347.
[25] 上掲 [18].
[26] Kitayama, S., Markus, H. R., & Kurosawa, M. (2000). Culture, emotion, and well-being: Good feelings in Japan and the United States. *Cognition & Emotion, 14*, 93-124.
[27] Uchida, Y., & Kitayama, S. (in press). Happiness and unhappiness in East and West : Themes and variations. *Emotion*.
[28] Suh, E. M. (1997). Culture and emotion. An unpublished master's thesis submitted to the University of Illinois, Urbana-Champaign.
[29] Lyubomirsky, S. (2000). In the pursuit of happiness: Comparing the United States and Russia. A paper presented at the annual meeting of the Society of Experimental Social Psychology. Atlanta, GA.
[30] Oishi, S., & Diener, E. (2003). Culture and well-being: The cycle of action, evaluation and decision. *Personality and Social Psychology Bulletin, 29*, 939-949.
[31] Campbell, A. (1981). *The sense of well-being in America*. New York: McGraw-Hill.
[32] 上掲 [30].
[33] Oishi, S. (2002). Experiencing and remembering of well-being: A cross-cultural analysis. *Personality and Social Psychology Bulletin, 28*, 1398-1406.
[34] 同上書 .
[35] Conner, C ., Wood, J. V., & Barrett, L. F. (2003). Remembering everyday experience through the prism of self-esteem. *Personality and Social Psychology Bulletin, 29* (1), 51-62.
[36] Suh, E. M., & Koo, J. (2007). Comparing subjective well-being across nations: Theoretical, methodological, and practical challenges. In M. Eid & R. J. Larsen (Eds.), *Handbook of subjective well-being* (pp.414-427). New York: Guilford.
[37] Kitayama, S., & Markus, H. R. (2000). The pursuit of happiness and the realization of sympathy: Cultural patterns of self, social relations, and well-being. In E. Diener, & E. M. Suh (Eds.), *Culture and subjective well-being*.

(pp.113-164). Cambridge, MA: MIT Press.
[38] Diener, E. (1984). Subjective well-being. *Psychological Bulletin, 95*, 542-575.

第5章

[1] Satisfaction with Life Scale; Diener, E., Horwitz, J., & Emmons, R. A. (1985). Happiness of the very wealthy. *Social Indicators Research, 16*, 263-274.
[2] Diener, E., Oishi, S., & Lucas, R. E. (2003). Personality, culture, and subjective well-being. *Annual Review of Psychology, 54*, 403-425.
[3] Pavot, W., & Diener, E. (1993). Review of the Satisfaction with Life Scale. *Psychological Assessment, 5*, 164-172. 上掲 [2] に引用されている Joy, 1990 による。
[4] Campbell, A. (1981). *The sense of well-being in America*. New York: McGraw-Hill.
[5] Schwarz, N., & Strack, F. (1999). Reports of subjective well-being: Judgmental processes and their methodological implications. In D. Kahneman, E. Diener, & N. Schwarz (Eds.), *Well-being: The foundations of hedonic psychology* (pp.61-84). New York: Russell-Sage.
[6] Schwarz, N., & Clore, G. L. (1983). Mood, misattribution, and judgments of well-being: Informative and directive functions of affective states. *Journal of Personality and Social Psychology, 45*, 513-523.
[7] Strack, F., Martin, L. L., & Schwarz, N. (1988). Priming and communication: Social determinants of information use in judgments of life satisfaction. *European Journal of Social Psychology, 18*, 429-442.
[8] 上掲 [5].
[9] Schimmack, U., & Oishi, S. (2005). The influence of chronically accessible and temporarily accessible information on life satisfaction judgments. *Journal of Personality and Social Psychology, 89*, 395-406.
[10] Roberts, B. W., & DelVecchio, W. F. (2000). The rank-order consistency of personality traits from childhood to old age: A quantitative

review of longitudinal studies. *Psychological Bulletin, 126*, 3-25.

[11] Eid, M., & Diener, E. (2004). Global judgments of subjective well-being: Situational variability and long-term stability. *Social Indicators Research, 65* (3), 245-277.

[12] 上掲 [5].

[13] Sandvik, E., Diener, E., & Seidlitz, L. (1993). Subjective well-being: The convergence and stability of self-report and non-self-report measures. *Journal of Personality, 61*, 317-342.

[14] r = .54 - .58.

[15] Lyubomirsky, S., King, L., & Diener, E. (2005). The benefits of frequent positive affect: Does happiness lead to success? *Psychological Bulletin, 131*, 803-855.

[16] Oishi, S. (2002). Experiencing and remembering of well-being: A cross-cultural analysis. *Personality and Social Psychology Bulletin, 28*, 1398-1406.

[17] Conner, C., Wood, J. V., & Barrett, L. F., (2003). Remembering everyday experience through the prism of self-esteem. *Personality and Social Psychology Bulletin, 29* (1), 51-62.

[18] Mitchell, T. R., Thompson, L., Peterson, E., & Cronk, R. (1997). Temporal adjustments in the evaluation of events: The "rosy view." *Journal of Experimental Social Psychology, 33*, 421-448.

[19] Kahneman, D. (1999). Objective happiness. In Kahneman, D., Diener, E., & Schwarz, N. (Eds.) *Well-being: The foundations of hedonic psychology* (pp.3-25). New York: Russell Sage Foundation.; Kahneman, D., Diener, E., & Schwarz, N. (1999). *Well-being: The foundations of hedonic psychology*. New York: Russell Sage.

[20] Wirtz, D., Kruger, J., Scollon, C. N., & Diener, E. (2003). What to do on spring break? The role of predicted, online, and remembered experience in future choice. *Psychological Science, 14*, 520-524.

[21] Oishi, S., & Sullivan, H. W. (2006). The Predictive value of daily vs. retrospective well-being judgments in relationship stability. *Journal of Experimental Social Psychology, 42*, 460-470.

[22] Oishi, S., Diener, E., & Schimmack, U. et al., (2008). Validity information of the Satisfaction with Life Scale in Japan. An unpublished paper. University of Virginia, Charlottesville, VA.

[23] 上掲 [13].

[24] 上掲 [22].

[25] Oishi, S. (2006). The concept of life satisfaction across cultures: An IRT analysis. *Journal of Research in Personality, 41*, 411–423.

[26] Item Response Theory.

[27] 上掲 [22].

[28] 上掲 [25].

[29] Structural Equation Modeling.

[30] Urry, H. L., Nitschke, J. B., Dolski, I., Jackson, D. C., Dalton, K. M., Muller, C. J., Rosenkranz, M. A., Ryff, C. D., Singer, B. H., & Davidson, R. J. (2004). Making a life worth living: Neural correlates of well-being. *Psychological Science, 15*, 367–372.

[31] 上掲　第2章 [8].

[32] Davidson, R. J. et al. (2003). Alterations in brain and immune function produced by mindfulness meditation. *Psychosomatic Medicine, 65*, 564–570.

[33] Ekman, P., & Friesen, W. V. (1975). *Unmasking the face: A guide to recognizing emotions from facial clues*. Englewood Cliffs, New Jersey: Prentice-Hall.

[34] Harker, L., & Keltner, D. (2001). Expressions of positive emotion in Women's college yearbook pictures and their relationship to personality and life outcomes across adulthood. *Journal of Personality and Social Psychology, 80*, 112–12.

[35] Ahnert, L., Gunner, M. R., Lamb, M. E., & Barthel, M. et al., (2004). Transition to child care: Associations with infant-mother attachment, infant negative emotion, and cortisol elevations. *Child Development, 75*, 639–650.

[36] Ryff, C. D., Love, G. D., Urry, H. L., Muller, D., Rosenkranz, M. A., Friedman, E. M., Davidson, R. J., & Singer, B. et al., (2006). Psychological well-being and ill being: Do they have distinct or mirrored biological

correlates. *Psychotherapy and Psychosomatics, 75*, 85-95.

[37] Abercrombie, H. C., Giese-Davis, J., Sephton, S., Epel, E. S., Turner-Cobb, J. M., & Spiegel, D. (2004). Flattened cortisol rhythms in metastatic breast cancer patients. *Psychoneuroendocrinology, 29* (8), 1082-1092.; Stephton, S. & Spiegel, D. (2003). Circadian disruption in cancer: A neuroendocrine-immune pathway from stress to disease? *Brain, Behavior, and Immunity, 17*, 321-328.

[38] 上掲 [37].

[39] Cacioppo, J. T., et al. (2003). Added just because you're imaging the brain doesn't mean you can stop using your head: A primer and set of first principles. *Journal of Personality and Social Psychology, 85*, 650-661.

第6章

[1] Schwarz, N., & Strack, F. (1999). Reports of subjective well-being: Judgmental processes and their methodological implications. In D. Kahneman, E. Diener, & N. Schwarz (Eds.), *Well-being: The foundations of hedonic psychology* (pp.61-84). New York: Russell-Sage.

[2] Schwarz, N., Strack, F., Kommer, D., & Wagner, D. (1987). Soccer, rooms, and the quality of your life: Mood effects on judgments of satisfaction with life in general and with specific life domains. *European Journal of Social Psychology, 17*, 69-79.

[3] Strack, F., Schwarz, N., & Gschneidinger, E. et al., (1985). Happiness and reminiscing: The role of time perspective, mood, and mode of thinking. *Journal of Personality and Social Psychology, 49*, 1460-1469.

[4] Wilson, A. E., & Ross, M. (2001). From chump to champ: People's appraisals of their earlier and present selves. *Journal of Personality and Social Psychology, 80*, 572-584.

[5] Li, L. J., Nisbett, R. E., & Su, Y. (2001). Culture, change, and prediction. *Psychological Science, 12*, 450-456.

[6] Oishi, S., Schimmack, U., & Colcombe, S. (2003). The Contextual and systematic nature of life satisfaction judgments. *Journal of Experimental*

Social Psychology, 39, 232-247.
[7] Higgins, E. T. (1996). Knowledge: Accessibility, applicability, and salience. In E. T. Higgns & A. Kruglanski (Eds.), *Social psychology: Handbook of basic principles* (pp.133-168). New York: Guilford.
[8] Wyer, R. S., Jr., & Srull, T. K. (1989). *Memory and cognition in its social context*. Hillsdale, N.J. : Erlbaum Associates.
[9] 上掲 [6].
[10] 上掲 [7]; Schimmack, U., & Oishi, S. (2005). The influence of chronically accessible and temporarily accessible information on life satisfaction judgments. *Journal of Personality and Social Psychology, 89*, 395-406.
[11] Schimmack & Oishi (2005). 上掲 [10].
[12] Schimmack, U. (2003). Affect measurement in experience sampling research. *Journal of Happiness Studies, 4*, 79-106.
[13] Campbell, A. (1981). *The sense of well-being in America*. New York: McGraw-Hill.
[14] Robinson, M. D., & Clore, G. L. (2002). Beliefs, situations, and their interactions: Towards a model of emotion reporting. *Psychological Bulletin, 128*, 934-960.
[15] 上掲 [13].
[16] Petty, R. E., & Krosnick, J. A. (1995). *Attitude strength: Antecedents and concequences*. Hillsdale, N.J: Erlbaum Associates.
[17] 上掲 [13].
[18] Fredrickson, B. L., & Kahneman, D. (1993). Duration neglect in retrospective evaluations of affective episodes. *Journal of Personality and Social Psychology, 65*, 45-55.
[19] Kahneman, D., Fredrickson, B. L., Schreiber, C. A., & Redelmeier, D. A. (1993). When more pain is preferred to less: Adding a better end. *Psychological Science, 4*, 401-405.
[20] Redelmeier, D. A., & Kahneman, D. (1996). Patients' memories of painful medical treatments: Real-time and retrospective evaluations of two minimally invasive procedures. *Pain, 66*, 3-8.

[21]　Kahneman, D. (1999). Objective happiness. In Kahneman, D., Diener, E., & Schwarz, N. (Eds.) *Well-being: The foundations of hedonic psychology* (pp.3-25). New York: Russell Sage Foundation.; Kahneman, D., Diener, E., & Schwarz, N. (1999). *Well-being: The foundations of hedonic psychology.* New York: Russell Sage.

[22]　上掲 [13].

[23]　Barrett, F. L. (1997). The relationships among momentary emotion experiences, personality descriptions, and retrospective ratings of emotion. *Personality and Social Psychology Bulletin, 23,* 1100-1110.

[24]　最後の日の感情と 90 日間全体の感情評価との相関は r = 0.36: 否定的感情, 0.57: 肯定的感情で、いずれも 90 日間の平均よりも相関が低かった（r = 0.63: 否定的感情, r = 0.73: 肯定的感情）。

[25]　Oishi, S., & Sullivan, H. W. (2006). The Predictive value of daily vs. retrospective well-being judgments in relationship stability. *Journal of Experimental Social Psychology, 42,* 460-470.

[26]　重回帰分析で 2 週間の平均評定とピークの評定を予測要因とすると、平均評定は 6 ヵ月後の交際を予測するが、ピークの評定は、予測できなくなる。

[27]　Diener, E. (1984). Subjective well-being. *Psychological Bulletin, 95,* 542-575.; Schimmack, U. (2008). The structure of subjective well-being. In M. Eid & R. J. Larsen (Eds.), *Handbook of subjective well-being* (pp.97-123). New York: Guilford.

[28]　Schimmack, (2008). 上掲 [27].

[29]　同上書.

[30]　同上書.

[31]　性格特性と人生全体の満足度との相関は r = 0.13 から 0.27、領域の平均満足度との相関は r = 0.15 から 0.29。

第７章

[1]　Diener, E., Suh, E. M., Lucas, R. E., & Smith, H. E. (1999). Subjective well-being: Three decades of progress. *Psychological Bulletin, 125,* 276-302.

[2]　Kahneman, D., Krueger, A. B., Schkade, D., Schwarz, N., & Stone, A. A.

et al., (2006). Would you be happier if you were richer? A focusing illusion, *Science, 312,* 1908-1910.

[3] Biswas-Diener, R. M. (2007). Material wealth and subjective well-being. In M. Eid & R. J. Larsen (Eds.), *Handbook of subjective well-being* (pp.307-322). New York: Guilford.

[4] Csikszentmihalyi, M., & Hunter, J. (2003). Happiness in everyday life: The uses of experience sampling. *Journal of Happiness Studies, 4,* 185-199.

[5] Brickman, P., Coates, D., & Janoff-Bulman, R. (1978). Lottery winners and accident victims: Is happiness relative? *Journal of Personality and Social Psychology, 36,* 917-927.

[6] Diener, E., & Oishi, S. (2000). Money and happiness: Income and subjective well-being across nations. In E. Diener & E. M. Suh (Eds.), *Culture and subjective well-being* (pp.185-218). Cambridge, MA: MIT Press.

[7] Diener, E., & Biswas-Diener, R. (2002). Will Money increase subjective well-being? *Social Indicators Research, 57,* 119-169.

[8] Oishi, S., Diener, E., Lucas, R. E., & Suh, E. M. (1999). Cross-national variations in predictors of life satisfaction: Perspectives from needs and values. *Personality and Social Psychology Bulletin, 25,* 980-990.

[9] Sheldon, K. M., Elliot, A. J., & Kim, Y. (2001). What is satisfying about satisfying events? Testing 10 candidate psychological needs. *Journal of Personality and Social Psychology, 80,* 325-339.; Solberg, E. C., Diener, E., Wirtz, D., Lucas, R. E., & Oishi, S. (2002). Wanting, having, and satisfaction: Examining the role of desire discrepancies in satisfaction with income. *Journal of Personality and Social Psychology, 83,* 725-734.

[10] Kahneman, D., Krueger, A. B., Schkade, D. A., Schwarz, N., & Stone, A. A. (2004). A survey method for characterizing daily life experience: The day reconstruction method. *Science, 306,* 1776-1780.

[11] Diener, E., Lucas, R. E., & Schimmack, U. (2008). *National accounts of well-being.* Oxford, UK: Oxford University Press.

[12] Cacioppo, J. T., Hawkley, L. C., Kalil, A., Huges, M. E., Waite, L., &

Thisted, R. A. (2007). Happiness and the invisible threads of social connection. In M. Eid & R. J. Larsen (Eds.), *Handbook of subjective well-being* (pp.195–219). New York: Guilford.
[13] Rohe, W. M., & Basolo, V. (1997). Long-term effects of homeownership on the self-perceptions and social interaction of low income persons. *Environment and Behavior, 29*, 793–819.
[14] Solberg, E. C., Diener, E., & Robinson, M. (2004). Why are materialists less satisfied? In T. Kasser & A. D. Kanner (Eds.), *Psychology and consumer culture: The struggle for a good life in a materialistic world* (pp.29–48). Washington, DC: American Psychological Association.
[15] Kasser, T., & Ryan, R. M. (1996). Further examining the American dream: Differential correlates of intrinsic and extrinsic goals. *Personality and Social Psychology Bulletin, 22*, 280–287.
[16] Van Boven, L., & Gilovich, T. (2003). To do or to have? That is the question. *Journal of Personality and Social Psychology, 85*, 1193–1202.

第8章

[1] Suh, E. M., Diener, E., & Fujita, F. (1996). Events and subjective wellbeing: Only recent events matter. *Journal of Personality and Social Psychology, 70*, 1091–1102.
[2] Headey, B., & Wearing, A. (1989). Personality, life events, and subjective well-being: Toward a dynamic equilibrium model. *Journal of Personality and Social Psychology, 57*, 731–739.
[3] Baumeister, R. F., Bratslavsky, E., Finkenauer, C., & Vohs, K. D. (2001). Bad is stronger than good. *Review of General Psychology, 4*, 323–370.; Rozin, P., & Royzman, E. B. (2001). Negativity bias, negativity dominance, and contagion. *Personality and Social Psychology Bulletin, 5*, 296–320.
[4] Oishi, S., Diener, E., Choi, D. W., Kim-Prieto, C., & Choi, I. (2007). The Dynamics of daily events and well-being across cultures: When less is more. *Journal of Personality and Social Psychology, 93*, 685–698.
[5] Gilbert, D. T., Pinel, E. C., Wilson, T. D., Blumberg, S. J., & Wheatley, T.

P. (1998). Immune neglect: A source of durability bias in affective forecasting. *Journal of Personality and Social Psychology, 75,* 617-638.

[6] 同上書.

[7] Wilson, T. D., Wheatley, T. P., Meyers, J. M., Gilbert, D. T., & Axsom, D. (2000). Focalism: A Source of durability bias in affective forecasting. *Journal of Personality and Social Psychology, 78,* 821-836.

[8] Wilson, T. D., & Gilbert, D. T. (2003). Affective forecasting. In M. P. Zanna (Ed.), *Advances in experimental social psychology,* vol.35 (pp.345-411). San Diego, CA: Academic Press.

[9] Taylor, S. E., Memeny, M. E., & Reed, G. M. (2000). Psychological resources, positive illusions, and health. *American Psychologist, 55,* 99-109.

[10] Lehman, D. R., Wortman, C. B., & Williams, A. F. (1987). Long-term effects of losing a spouse or child in a motor vehicle crash. *Journal of Personality and Social Psychology, 52,* 218-231.

[11] Lucas, R. E., Clark, A. E., Georgellis, Y., & Diener, E. (2003). Re-examining adaptation and the setpoint model of happiness: Reactions to changes in marital status. *Journal of Personality and Social Psychology, 84,* 527-539.

[12] 岡林秀樹・杉澤秀博・矢富直美・中谷陽明・高梨薫・深谷太郎・柴田博 (1997). 配偶者の死別が高齢者の健康に及ぼす影響と社会的支援の緩衝効果 心理学研究, 68, 147-154.

[13] Carver, C. S., Pozo, C., Harris, S. D., Noriega, V., Scheier, M.F., Robinson, D. S., Ketcham, A. S., Moffat, F. L., & Clark, K. C. (1993). How coping mediates the effect of optimism on distress: A study of women with early stage breast cancer. *Journal of Personality and Social Psychology, 65,* 375-390.

[14] Tamminga, T. A. et al. (2002). Developing novel treatments for mood disorders: accelerating discovery. *Biological Psychiatry, 52,* 589-609.

[15] Caspi, A., Sugden, K., Moffitt, T. E., Taylor, A., Craig, I. W., Harrington, H., McClay, J., Mill, J., Martin, J., Braithwaite, A., & Poulton, R. (2003). Influence of life stress on depression: Moderation by a polymorphism in the

5-HTT gene. *Science, 301*, 386-389.

第９章

[1] Heller, D., Watson, D., & Ilies, R. (2004). The role of person versus situation in life satisfaction: A critical examination. *Psychological Bulletin, 130*, 574-600.

[2] 英語では“latent correlation”。測定誤差を取り除いて得た相関係数、つまり、測定誤差がまったく無ければ、これくらいの相関係数になるだろうという推測値。

[3] Botwin, M. D., Buss, D. M., & Shackelford, T. D. (1997). Personality and mate preferences: Five factors in mate selection and marital satisfaction. *Journal of Personality, 65*, 107-136.

[4] Lake, R. I. E., Eaves, L. J., Maes, H. H. M., Heath, A. C., & Martin, N. G. (2000). Further evidence against the environmental transmission of individual differences in Neuroticism from a collaborative study of 45,850 twins and relatives on two continents. *Behavior Genetics, 30*, 223-233.

[5] 同上書 .

[6] Beer, J. M., Arnold, R. D., & Loehlin, J. C. (1998). Genetic and environmental influences on MMPI factor scales: joint model fitting to twin and adoption data. *Journal of Personality and Social Psychology, 74*, 818-827.; 上掲 [2].

[7] Besser, A., & Priel, B. (2002). A multisource approach to self-critical vulnerability to depression: The moderating role of attachment. *Journal of Personality, 71*, 515-555.

[8] Whiffen, V. E., & Aube, J. A. (1999). Personality, interpersonal context and depression in couples. *Journal of Social and Personal Relationships, 16*, 369-383.

[9] Feng, D. & Baker, L. (1994). Spouse similarity in attitudes, personality, and psychological well-being. *Behavioral Genetics, 24*, 357-364.; Luo, S., & Klohnen, E. C. (2005). Assortative mating and marital quality in newlyweds: A couple-centered approach. *Journal of Personality and Social*

Psychology, 88, 304-326. 参照。
[10] Eysenck, H. J., & Wakefield, J. A. (1981). Psychological factors as predictors of marital satisfaction. *Advances in Behavior Research and Therapy, 3*, 151-192.
[11] Russell, R. J., & Wells, P. A. (1991). Personality similarity and quality of marriage. *Personality and Individual Differences, 12*, 407-412.
[12] Gaunt, R. (2006). Couple similarity and marital satisfaction: Are similar spouses happier? *Journal of Personality, 74*, 1401-1420.
[13] Murray, S. L., Holmes, J. G., & Bellavia, G. (2002). Kindred spirits? The benefits of egocentrism in close relationships. *Journal of Personality and Social Psychology, 82*, 563-581.
[14] Schimmack, U., Pinkus, R., & Lockwood, P. et al., (2008). Shared activities and marital satisfaction. An unpublished paper. University of Toronto.
[15] Taylor, S. E., & Brown, J. D. (1988). Illusion and well-being: A social psychological perspective on mental health. *Psychological Bulletin, 103*, 193-210.
[16] Colvin, C. R., Block, J., & Funder, D. C. (1995). Overly positive self-evaluations and personality: Negative implications for mental health. *Journal of Personality and Social Psychology, 68*, 1152-1162.
[17] Paulhus, D. L. (1998). Interpersonal and intrapsychic adaptiveness of trait self-enhancement: A mixed blessing? *Journal of Personality and Social Psychology, 74*, 1197-1208.
[18] Swann, W. B., Hixon, J. G., & de la Ronde, C. (1992). Embracing the bitter 'truth': Negative self-concepts and marital commitment. *Psychological Science, 3*, 118-121.
[19] Swann, W. B., de la Ronde, C., & Hixon, J. G. (1994). Authenticity and positivity strivings in marriage and courtship. *Journal of Personality and Social Psychology, 66*, 857-869.
[20] Markus, H. R., & Kitayama, S. (1991). Culture and the self: Implications for cognition, emotion, and motivation. *Psychological Review, 98*, 224-253.

[21] Murray, S. L., Holmes, J. G., & Griffin, D. W. (2003). Reflections on the self-fulfilling effects of positive illusions. *Psychological Inquiry, 14*, 289-295. 参照。

[22] Functional magnetic resonance imaging; 機能的核磁気共鳴画像法。

[23] Coan, J. A., Schaefer, H. S. & Davidson, R. J. (2006). Lending a hand: Social regulation of the neural response to threat. *Psychological Science, 17*, 1032-1039.

[24] Anterior cingulated cortex.

[25] posterior cingulate.

[26] superior colliculus.

[27] Singer, T., Seymour, B., O'Doherty, J., Kaube, H., Dolan, R. J., & Frith, C. D. et al., (2004). Empathy for pain involves the affective but not sensory components of pain. *Science, 303*, 1157-1162.

[28] Anterior Insula.

[29] Gottman, J. M. (1994). *What predicts divorce? The relationship between marital processes and marital outcomes*. Hillsdale, NJ: Lawrence Erlbaum Associates.

[30] Lucas, R. E., Clark, A. E., Georgellis, Y., & Diener, E. (2003). Re-examining adaptation and the setpoint model of happiness: Reactions to changes in marital status. *Journal of Personality and Social Psychology, 84*, 527-539.

[31] Twenge, J. M., Campbell, W. K., & Foster, C. A. (2003). Parenthood and marital satisfaction: A meta-analytic review. *Journal of Marriage and Family, 65*, 574-583.

第10章

[1] Thomson, J. A. K. (1953). *The ethics of Aristotle: The Nicomachean ethics*. London: Penguin Books.

[2] Schimmack, U., Pinkus, R., & Lockwood, P. et al., (2008). Shared activities and marital satisfaction. An unpublished paper. University of Toronto.

[3] Diener, E. & Seligman, M. E. P. (2002). Very happy people. *Psychological Science, 13*, 81-84.

[4] Larson, R., Mannell, R., & Zuzanek, J. (1986). The daily well being of older adults with family and friends. *Psychology and Aging, 1*, 117-126.

[5] Buss, D. M. (2000). The evolution of happiness. *American Psychologist, 55*, 15-23.

[6] 同上書 .

[7] Roth, D. P. (2007). Residential mobility and friendship network. An unpublished honor thesis submitted to the University of Virginia.

[8] $r = -0.04$.

[9] Granovetter, M. S. (1973). The strength of weak ties. *American Journal of Sociology, 78*, 1360-1380.

[10] Antonucci, T. C., Lansford, J. E., & Akiyama, H. et al., (2001). Impact of positive and negative aspects of marital relationships and friendships on well-being of older adults. *Applied Developmental Science, 5*, 68-75.

[11] Cross, S. E., & Madson, L. (1997). Models of the self: Self-construals and gender. *Psychological Bulletin, 122*, 5-37.

[12] Oishi, S., Diener, E., Suh, E., & Lucas, R. E. (1999). Value as a moderator in subjective well-being. *Journal of Personality, 67*, 157-184.

[13] Kitayama, S., Mesquita, B., & Karasawa, M. (2006). Cultural affordances and emotional experience: Socially engaging and disengaging emotions in Japan and the United States. *Journal of Personality and Social Psychology, 91*, 890-903.

第11章

[1] Lykken, D., & Tellegen, A. (1996). Happiness is a stochastic phenomenon. *Psychological Science, 7*, 186-189.

[2] Diener, E., Suh, E. M., Lucas, R. E., Smith, H. E. (1999). Subjective well-being: Three decades of progress. *Psychological Bulletin, 125*, 276-302; Diener, E., Oishi, S., & Lucas, R. E. (2003). Culture, personality, and well-being. *Annual Review of Psychology, 54*, 403-425. 参照。

[3] 上掲 [1].
[4] Goldberg, L. R. (1990). An alternative "Description of personality" : The Big-Five factor structure. *Journal of Personality and Social Psychology, 59*, 1216-1229.
[5] Eysenck, H. J., & Eysenck, S. B. G. (1976). *Psychoticism as a dimension of personality*. London: Hodder and Stoughton.
[6] Tellegen, A. (1985). Structures of mood and personality and their relevance to assessing anxiety, with an emphasis on self-report. In A. H. Tuma & J. Maser (Eds.), *Anxiety and the anxiety disorders* (pp.681-706). Hillsdale, NJ: Erlbaum.
[7] DeNeve, K. M., & Cooper, H. (1998). The happy personality: A meta-analysis of 137 personality traits and subjective well-being. *Psychological Bulletin, 124*, 197-229.
[8] Schimmack, U., Oishi, S., Furr, F. M., & Funder, D. C. (2004). Personality and life satisfaction: A facet level analysis. *Personality and Social Psychology Bulletin, 30*, 1062-1075. Study 2.
[9] 同上書, Study 3.
[10] 同上書, Study 3.
[11] Heller, D., Watson, D., & Ilies, R. (2004). The role of person versus situation in life satisfaction: A critical examination. *Psychological Bulletin, 130*, 574-600.
[12] Lucas, R. E., & Fujita, F. (2000). Factors influencing the relation between extraversion and pleasant affect. *Journal of Personality and Social Psychology, 79*, 1039-1056.
[13] Lucas, R. E., Diener, E., & Suh, E. M. (1996). Discriminant validity of well-being measures. *Journal of Personality and Social Psychology, 71*, 616-628.
[14] Brunstein, J. C., Schultheiss, O. C., & Grassmann, R. (1998). Personal goals and emotional well-being: The moderating role of motive dispositions. *Journal of Personality and Social Psychology, 75*, 494-508.
[15] Emmons, R. A., & King, L. A. (1988). Conflict among personal strivings:

Immediate and long-term implications for psychological and physical well-being. *Journal of Personality and Social Psychology, 54*, 1040-1048.; Riediger, M., & Freund, A. M. (2004). Interference and facilitation among personal goals: Differential associations with subjective well-being and persistent goal pursuit. *Personality and Social Psychology Bulletin, 30*, 1511-1523.

[16] King, L. A., Richards, J. H., & Stemmerich, E. (1998). Daily goals, life goals, and worst fears: Means, ends, and subjective well-being. *Journal of Personality, 66*, 713-744.

[17] Elliot, A. J., Sheldon, K. M., & Church, M. A. (1997). Avoidance personal goals and subjective well-being. *Personality and Social Psychology, 23*, 915-927.

[18] Oishi, S., Diener, E., Suh, E., & Lucas, R. E. (1999). Value as a moderator in subjective well-being. *Journal of Personality, 67*, 157-184.

[19] 上掲 [14].

[20] Sheldon, K. M., & Kasser, T. (1998). Pursuing personal goals: Skills enable progress, but not all progress is beneficial. *Personality and Social Psychology Bulletin, 24*, 1319-1331.

[21] Oishi, S., & Diener, E. (2001). Goals, culture, and subjective well-being. *Personality and Social Psychology Bulletin, 27*, 1674-1682.

[22] Erikson, E. (1968). *Identity: Youth and crisis.* New York: Norton.［岩瀬庸理訳 (1982). アイデンティティ：青年と危機　改訂版　金沢文庫.］; Maslow, A. H. (1954). *Motivation and personality.* New York: Harper & Brothers.［小口忠彦訳 (1987). 人間性の心理学：モチベーションとパーソナリティ　改訂新版　産業能率大学出版部.］; Rogers, C. R. (1951). *Client-centered therapy.* Boston: Houghton Mifflin.［保坂亨・諸富祥彦・末武康弘共訳 (2005). クライアント中心療法　岩崎学術出版社.］

[23] Donahue, E. M., Robins, R. W., Roberts, B. W., & John, O. (1993). The divided self: Concurrent and longitudinal effects of psychological adjustment and social roles on self-concept differentiation. *Journal of Personality and Social Psychology, 64*, 834-846.

[24] Sheldon, K. M., Ryan, R. M., Rawsthorne, L. J., & Ilardi, B. (1997). Trait self and true self: Cross-role variation in the Big-Five personality traits and its relations with psychological authenticity and subjective well-being. *Journal of Personality and Social Psychology, 73*, 1380-1393.

[25] Suh, E. M. (2002). Culture, identity, consistency, and subjective well-being. *Journal of Personality and Social Psychology, 83*, 1378-1391.

[26] Lyubomirsky, S., & Ross, L. (1997). Hedonic consequences of social comparison: A contrast of happy and unhappy people. *Journal of Personality and Social Psychology, 73*, 1141-1157.

[27] Lyubomirsky, S., & Ross, L. (1999). Changes in attractiveness of elected, rejected, and precluded alternatives: A comparison of happy and unhappy individuals. *Journal of Personality and Social Psychology, 76*, 988-1007.

[28] Basso, M. R., Schefft, B. K., Ris, M. D., & Dember, W. N. (1996). Mood and global-local visual processing. *Journal of the International Neuropsychological Society, 2*, 249-255.

[29] Hicks, J. A., & King, L. A. (2007). Meaning in life and seeing the big picture: Positive affect and global focus. *Cognition and Emotion, 21*, 1577-1584. も参照。

[30] Updegraff, J. A., & Suh, E. M. (2007). Happiness is a warm abstract thought: Self-construal abstractness and subjective well-being. *Journal of Positive Psychology, 2*, 18-28.

[31] Satisfaction With Life Scale.

[32] Basso, M. R., Schefft, B. K., Ris, M. D., & Dember, W. N. (1996). Mood and global-local visual processing. *Journal of the International Neuropsychological Society, 2*, 249-255.

[33] 上掲 [30], Study 2.

[34] Oishi, S., & Sullivan, H. W. (2005). The mediating role of parental expectations in culture and well-being. *Journal of Personality, 73*, 1267-1294.

[35] Schwartz, B., Ward, A., Monterosso, J., Lyubomirsky, S., White, K., &

Lehman, D. (2002). Maximizing versus satisficing: Happiness is a matter of choice. *Journal of Personality and Social Psychology, 83*, 1178-1197. Study 1.
[36] 同上書.
[37] Iyengar, S. S., Wells, R., & Schwartz, B. et al. (2006). Doing better but feeling worse. *Psychological Science, 17*, 143-150.
[38] The Dalai Lama & Cutler, H. C. (1998). *The art of happiness*. New York: Riverhead Books.
[39] $R = .53$, $p < 0.01$; McCullough, M. E., Emmons, R. A., & Tsang, J. (2002). The grateful disposition: A conceptual and empirical topography. *Journal of Personality and Social Psychology, 82*, 112-127.

第12章

[1] Schkade, D. A., & Kahneman, D. (1997). Does living in California make people happy? A focusing illusion in judgments of life satisfaction. *Psychological Science, 9*, 340-346.
[2] 同上書.
[3] Davies, M. D. (2003). The psychological adjustment to relocation following retirement. An unpublished dissertation. Griffith University, Australia.
[4] Elfering, A., Semmer, N. K., Tschan, F., Kalin, W., & Bucher, A. (2007). First years in job: A three-wave analysis of work experiences. *Journal of Vocational Behavior, 70*, 97-115.
[5] Emmons, R. A., & McCullough, M. E. (2003). Counting blessing versus burdens: An experimental investigation of gratitude and subjective well-being in daily life. *Journal of Personality and Social Psychology, 84*, 377-389.
[6] Bryant, F. & Veroff, J. (2007). *Savoring: A new model of positive experience*. Mahwah, NJ: Lawrence Erlbaum.
[7] Wilson, T. D., & Gilbert, D. T. (2008). Explaining away: A model of affective adaptation. *Perspectives on Psychological Science, 5*, 372-388.

[8] Sheldon, K. M., & Lyubomirsky, S. (2006). How to increase and sustain positive emotion: The effects of expressing gratitude and visualizing best possible selves. *The Journal of Positive Psychology, 1*, 73-82.

[9] Booth, R. J., Petrie, K. J., & Pennebaker, J. W. (1997). Changes in circulating lymphocyte numbers following emotional disclosure: Evidence of buffering? *Stress Medicine, 13*, 23-29.

[10] King, L. A. (2001). The health benefits of writing about life goals. *Personality and Social Psychology Bulletin, 27*, 798-807.

[11] Burton, C. M., & King, L. A. (2004). The health benefits of writing about intensely positive experiences. *Journal of Research in Personality, 38*, 150-163.

[12] Carver, C. S., Pozo, C., Harris, S. D., Noriega, V., Scheier, M. F., Robinson, D. S., Ketcham, A. S., Moffat, F. L., & Clark, K. C. (1993). How coping mediates the effect of optimism on distress: A study of women with early stage breast cancer. *Journal of Personality and Social Psychology, 65*, 375-390.

[13] Lyubomirsky, S., Sousa, L., Dickerhoof, R. (2006). The costs and benefits of writing, talking, and thinking about life's triumphs and defeats. *Journal of Personality and Social Psychology, 90*, 692-708.

[14] Wilson, T. D., Centerbar, D. B., Kermer, D. A., & Gilbert, D. T. (2005). The pleasure of uncertainty: Prolonging positive moods in ways people do not anticipate. *Journal of Personality and Social Psychology, 88*, 5-21.

[15] 同上書.

[16] Otake, K., Shimai, S., Tanaka-Matsumi, J., Otsui, K., & Fredrickson, B. L. (2006). Happy people become happier through kindness: A counting kindnesses intervention. *Journal of Happiness Studies, 7*, 361-375.

[17] 正式には MDMA, or 3,4-Methylenedioxymethamphetamine. このドラッグについての詳しい情報は、以下のウェブサイトにて得られる。http://www.dancesafe.org/documents/druginfo/ecstasy.php.

第13章

[1] Thomson, J. A. K. (1953). *The ethics of Aristotle: The Nicomachean ethics.* London: Penguin Books.

[2] Diener, E., Suh, E. M., Lucas, R. E., Smith, H. E. (1999). Subjective well-being: Three decades of progress. *Psychological Bulletin, 125,* 276-302.; Ryan, R. M., & Deci, E. L. (2001). On happiness and human potentials: A review on hedonic and eudaimonic well-being. *Annual Review of Psychology, 52,* 141-166.; Ryff, C. D., & Singer, B. H. (1998). The contours of positive human health. *Psychological Inquiry, 9,* 1-28. 参照。

[3] Veenhoven, R. (1988). The Utility of happiness. *Social Indicators Research, 20,* 333-354.

[4] Veenhoven, R. (1989). *How harmful is happiness?: Consequences of enjoying life or not.* Rotterdam, Netherlands: Universitaire Pers Rotterdam.

[5] Lyubomirsky, S., King, L., & Diener, E. (2005). The benefits of frequent positive affect: Does happiness lead to success? *Psychological Bulletin, 131,* 803-855.

[6] ここで紹介する研究は、縦断的研究の結果が中心なので、一般的な相関研究ほど逆の因果関係の可能性は高くない。たとえば、[7] のディーナーらの研究でも、大学の収入の無いときの明るさから19年後の年収を予測しているし、後で紹介するダナーらの研究（[14]）でも、若い頃（22歳くらい）の自伝で使ったポジティブな単語の割合が何歳まで生きたかを予測している。もちろん、第3要因の問題は残る。

[7] Diener, E., Nickerson, C., Lucas, R. E., & Sandvik, E. (2002). Dispositional affect and job outcomes. *Social Indicators Research, 59,* 229-259.

[8] Roberts, B. W., Caspi, A., & Moffitt, T. E. (2003). Work experiences and personality development in young adulthood. *Journal of Personality and Social Psychology, 84,* 582-593.

[9] Wright, T. A., & Staw, B. M. (1999). Affect and favorable work outcomes: Two longitudinal tests of the happy-productive worker thesis. *Journal of Organizational Behavior, 20,* 1-23.

[10] Johnson, W., McGue, M., Krueger, R. F., & Bouchard, T. J. Jr. (2004).

Marriage and personality: A genetic analysis. *Journal of Personality and Social Psychology, 86*, 285-294.

[11] Harker, L., & Keltner, D. (2001). Expressions of positive emotion in Women's college yearbook pictures and their relationship to personality and life outcomes across adulthood. *Journal of Personality and Social Psychology, 80*, 112-12.

[12] 大学に設置された倫理委員会の審査を経て実施された。

[13] Cohen, S., Doyle, W. J., Turner, R., Alper, C. M., & Skoner, D. P. (2003). Sociability and susceptibility to the common cold. *Psychological Science, 14*, 389-395.

[14] Danner, D. D., Snowdon, D. A., & Friesen, W. V. (2001). Positive emotions in early life and longevity: Findings from the nun study. *Journal of Personality and Social Psychology, 80*, 804-813.

[15] 同上書.

[16] Pressman, S. D., Cohen, S., & Kollnesher, M. (2006). Positive emotion and social word use in autobiography predicts increased longevity in psychologists. 64th Annual Scientific Meeting of the American Psychosomatic Society, Denver, March 1-4.

[17] Carver, C. S., Pozo, C., Harris, S. D., Noriega, V., Scheier, M.F., Robinson, D. S., Ketcham, A. S., Moffat, F.L., & Clark, K. C. (1993). How coping mediates the effect of optimism on distress: A study of women with early stage breast cancer. *Journal of Personality and Social Psychology, 65*, 375-390.

第14章

[1] Oishi, S., Diener, E., & Lucas, R. E. (2007). The optimal level of well-being: Can we be too happy? *Perspectives on Psychological Science, 2*, 346-360.

[2] 同上書.

[3] 同上書.

[4] 同上書.

[5]　World Values Survey.

[6]　Diener, E., Nickerson, C., Lucas, R. E., & Sandvik, E. (2002). Dispositional affect and job outcomes. *Social Indicators Research, 59*, 229–259.

[7]　上掲 [1].

[8]　上掲 [1].

[9]　Rusbult, C. E. (1980). Commitment and satisfaction in romantic associations: A test of the investment model. *Journal of Personality and Social Psychology, 38*, 172–186.

[10]　Murray, S. L., Holmes, J. G., & Griffin, D. W. (1996). The benefits of positive illusions: Idealization and the construction of satisfaction in close relationships. *Journal of Personality and Social Psychology, 70*, 79–98.

第15章

[1]　Buss, D. M. (2000). The evolution of happiness. *American Psychologist, 55*, 15–23.

[2]　Diener, E., & Suh, E. (1999). National differences in subjective well-being. In D. Kahneman, E. Diener, & N. Schwarz (Eds.), *Well-being: The foundations of hedonic psychology* (pp.434–450). New York: Sage.

[3]　Diener, E., Diener, M., & Diener, C. (1995). Factors predicting the subjective well-being of nations. *Journal of Personality and Social Psychology, 69*, 851–864.

[4]　Lucas, R. E., Clark, A. E., Georgellis, Y., & Diener, E. (2004). Unemployment alters the set point for life satisfaction. *Psychological Science, 15*, 8–13.

[5]　Lyubomirsky, S. (2000). In the pursuit of happiness: Comparing the United States and Russia. A paper presented at the annual meeting of the Society of Experimental Social Psychology. Atlanta, GA.

[6]　Coleman, J. S. (1988). Social capital in the creation of human capital. *American Journal of Sociology, 94*, S.95–S120.

[7]　山岸俊男 (1998). 信頼の構造：こころと社会の進化ゲーム 東京大学出版会.

[8] Fukuyama, F. (2000). Social capital. In L. Harrison & S. P. Huntington (Eds.), *Culture matters*. New York: Basic Books.

[9] Tov, W., & Diener, E. (in press). The well-being of nations: Linking together trust, cooperation, and democracy. In B. A. Sullivan, M. Snyder, & J. L. Sullivan (Eds.), *Cooperation: A powerful force in human relations*. Malden, MA: Blackwell.

[10] Oishi, S., Rothman, A. J., Snyder, M., Su, J., Zehm, K., Hertel, A. W., Gonzales, M. H., & Sherman, G. D. (2007). The Socio-ecological model of pro-community action: The Benefits of residential stability. *Journal of Personality and Social Psychology, 93*, 831-844.

[11] Sampson, R. J., Raudenbush, S. W., & Earls, F. (1997). Neighborhoods and violent crime: A multilevel study of collective efficacy. *Science, 277*, 918-924.

[12] Kasarda, J., & Janowitz, M. (1974). Community attachment in mass society. *American Sociological Review, 39*, 328-339.

[13] Jacobs, J. (1961). *The death and live of great American cities*. Random House, NY. [黒川紀章訳 (1977). アメリカ大都市の死と生　鹿島出版会　部分訳.]

[14] 上掲 [10].

[15] 上掲 [10].

[16] Schmitt, E. (2001, August 6th). Census data show a sharp increase in living standard. New York Times. www.nytimes.com/2001/08/06/national/06CENS.html.

[17] Smith, A. (1776/2003). *The wealth of nation*. New York: Bantam Classics.

[18] 上掲 [10].

おわりに

[1] Thomson, J. A. K. (1953). *The ethics of Aristotle: The Nicomachean ethics*. London: Penguin Books.

[2] Sumner, L.W. (1996). *Welfare, happiness, and ethics*. New York: Oxford

University Press.
[3] Lyubomirsky, S., King, L., & Diener, E. (2005). The benefits of frequent positive affect: Does happiness lead to success? *Psychological Bulletin, 131*, 803-855.; Veenhoven, R. (1989). *How harmful is happiness? Consequences of enjoying life or not.* Rotterdam, Netherlands: Universitaire Pers Rotterdam.
[4] Oishi, S., Diener, E., & Lucas, R. E. (2007). The optimal level of well-being: Can we be too happy? *Perspectives on Psychological Science, 2*, 346-360.
[5] Oishi, S., Rothman, A. J., Snyder, M., Su, J., Zehm, K., Hertel, A. W., Gonzales, M. H., & Sherman, G. D. (2007). The Socio-ecological model of pro-community action: The Benefits of residential stability. *Journal of Personality and Social Psychology, 93*, 831-844.
[6] Diener, E., & Seligman, M. E. P. (2004). Beyond money: Toward an economy of well-being. *Psychological Science in the Public Interest, 5*, 1-31.; Kahneman, D., Krueger, A. B., Schkade, D. A., Schwarz, N., & Stone, A. A. (2004). A survey method for characterizing daily life experience: The day reconstruction method. *Science, 306*, 1776-1780.